Nathalie Schmidt

Das WASSER Geheimnis

Botschaften aus dem Fluss des Lebens

Begleitbuch zu den 44 Karten

ISBN 978-3-8434-9109-9

1. Auflage Juli 2018

Box: Silja Bernspitz, Schirner, unter Verwendung
von Fotografien von Nathalie Schmidt und Markus Schirner
Layout der Karten & des Begleitbuchs:
Silja Bernspitz, Schirner
Bearbeitung der Bilder: Markus Schirner
Lektorat: Bastian Rittinghaus, Schirner
Printed & bound by: Ren Medien GmbH, Germany

www.schirner.com

Inhalt

Wasser – Quelle des Lebens

Wasser ist die Grundlage allen Lebens auf unserer Erde. Es ermöglicht Leben überhaupt erst. Auch für unsere Gesundheit ist Wasser wichtig, schließlich bestehen wir zum Großteil daraus. Das Element spielt in allen Organismen und bei fast allen Stoffwechselvorgängen eine entscheidende Rolle. Zusätzlich ist Wasser Bestandteil der Atmosphäre und beeinflusst über die Luftfeuchtigkeit die Atmung von Haut und Lunge.

Der größte Teil der Erdoberfläche ist von Wasser bedeckt. Es bestimmt das Klima auf der Erde und liegt fast allen Wettererscheinungen zugrunde. Bei seiner Erwärmung verdunstet das Wasser der Erdoberfläche, steigt auf und wandert als warmer Wasserdampf kilometerweit. Als Niederschlag fällt es aus den Wolken zurück auf die Erde, sorgt dort für ein feuchtes Klima und bewässert Pflanzen, wodurch die Nahrungskette aufrechterhalten wird. Feuchtgebiete, Bäche, Flüsse, Seen und Meere sind Lebensräume vieler Pflanzen und Tiere.

Wir Menschen nutzen Wasser also als Getränk, zur Bewässerung unserer Nahrungsmittel sowie zur Hygiene. Es verfügt auch über eine transformative Kraft, denn es verändert durch Erosionen unsere Landschaft. Wasser ist

neben Sonnenlicht das bedeutendste Element für uns Menschen.
Wasser hat besondere Eigenschaften, wird beispielsweise fest, wo andere Stoffe flüssig bleiben, und verhält sich insgesamt nicht so, wie es die Physik erwarten würde. Es bildet sogenannte Cluster, wodurch es Informationen übertragen kann. Wir Menschen nutzen das sowohl bei der Teezubereitung als auch in der Homöopathie und anderen Medizinrichtungen.

Wasser hat seit jeher in vielen Kulturen weltweit eine große rituelle Bedeutung. Da es eine besondere Substanz ist, die höchste Aufnahme- und Anpassungsfähigkeit besitzt, dient es als Medium für Schwingungen und Gefühle. Wasser zeigt uns Menschen, was Leben ist. Lasse dich von dem lebenswichtigen Element inspirieren und dir zeigen, was das Thema deines Tages ist.
Dieses Kartenset will dir helfen, zu erkennen, womit du dich aktuell auseinandersetzen solltest. Es dient deiner Inspiration, deiner Selbsterkenntnis und deiner Motivation, deinen Weg weiterzugehen. Wasser ist ein guter Lehrmeister, der dir aufzeigt, was dich innerlich beschäftigt, belastet, blockiert oder was es im Moment auf Seelenebene für dich zu lösen gilt.

Ich wünsche dir viele Erkenntnisse durch das wunderbare Elixier des Lebens. Tauche ein in deine innere Welt, schaffe Klarheit, und begib dich auf die Reise zu dir selbst. Glaube an dich! Lasse das Wasser dein Lehrmeister sein.

Alles Liebe auf deinem Seelenweg!
Nathalie Schmidt

Anwendung des Kartensets

Sorge für Ruhe und Ungestörtheit, wenn du dich mit den Karten beschäftigen möchtest. Vielleicht schließt du für ein paar Minuten deine Augen und atmest tief ein und aus, um ganz zur Ruhe zu kommen und dich zu entspannen. Mische nun die Karten gut durch, und fächere sie, mit der Rückseite nach oben, auf einem Tisch auf. Gehe mit deiner Hand ganz langsam über die ausgebreiteten Karten. Sobald eine Karte dich ganz besonders anzieht oder du das Gefühl hast, mit der Hand stehen bleiben zu müssen, nimm diese Karte. Vielleicht kribbelt es auch in deiner Hand, oder du nimmst ein warmes Gefühl an einer Stelle im Körper wahr. Denke nicht darüber nach, sondern lasse dich einfach von deinen Gefühlen leiten.

Lies den Text auf der entsprechenden Karte langsam durch. Denke in Ruhe über die Botschaft nach. Was bedeutet sie für dich? Welche Empfindungen kommen in dir auf? Schlage erst danach die ausführliche Erklärung in diesem Büchlein nach. Die Botschaften sind alphabetisch sortiert. Darin findest du jeweils eine »Seelenaufgabe«, eine ausführliche Erläuterung deines derzeitigen seelischen Themas. Du erfährst, was du persönlich lernen sollst und welche Aufgabe du derzeit in deinem Leben zu lösen hast. Die »Praktischen Tipps« helfen dir bei der Umsetzung und dienen als Anregung, wie du an deinen Lebensaufgaben arbeiten und wachsen kannst. Dabei handelt es sich nur um eine kleine Auswahl. Finde selbst Möglichkeiten und Ideen, die zu dir passen, um auf deinem Seelenweg voranzukommen. Sei dir sicher, dass du nichts falsch machen kannst, wenn du mit offenem Herzen und Liebe zu dir und allem, was ist, durch das Leben gehst.

Die einzelnen Karten:

Anpassung

Wasser bildet Schaum und Wirbel, wenn es sich anpassen muss. Auch in vielen Menschen entsteht eine tiefe Unruhe, wenn sie sich anpassen. Du bist einzigartig und darfst es auch sein. Bleibe du selbst. Verstelle dich nicht, denn damit verleugnest du deine Seele. Öffne dich der Welt in deiner Wahrhaftigkeit.

Seelenaufgabe

Lerne, du selbst zu sein, mit allen deinen Ecken und Kanten. Du bist wunderbar so, wie du wahrhaftig bist. Auch wenn wir Menschen noch immer im seelischen Wachstum begriffen sind, ist unser Sein bereits vollkommen. Du brauchst dich nicht zu verändern oder zu verstellen, um anderen Menschen zu gefallen. Vielleicht war das in der Vergangenheit eine deiner Strategien, doch nun ist es Zeit, nur du selbst zu sein. Zeige der Welt dein wahres Gesicht, und stehe zu dem, was du fühlst und spürst. Missachte dein Innerstes nicht, um nicht anzuecken, sondern sei dir selbst treu. Äußere, was richtig für dich ist. Wenn sich manche Menschen dadurch von dir entfernen, dann lasse sie ihrer Wege gehen. Entweder kommen sie nach einer Zeit zurück, oder sie gehören nicht mehr in dein Leben. Du darfst jederzeit zu dir selbst und deinen Gefühlen stehen. Niemand hat das Recht, etwas anderes von dir zu verlangen. Denn jedes Gefühl drückt sich in dir aus, es verändert etwas und möchte anerkannt werden. Ignorierst du es, bleibt es tief in deiner Seele bestehen und lebt sich dort aus. Anerkennung oder Liebe, die du dir durch eine Unterdrückung deines Seins verdienen musst, benötigst du nicht. Du brauchst die Seelenliebe zu dir selbst – stehe zu dem, was du bist. Hebe den Kopf, und zeige der Welt, dass du für dich da bist.

Praktische Tipps

- Wenn du dich unzufrieden fühlst, dann erstelle eine Liste all dessen, was dich stört. Schreibe alles auf, was du ändern möchtest, und dann notiere, wie du dies erreichen kannst. Lasse dir bei der Umsetzung Zeit, überfordere dich nicht, denn Gewohnheiten, die du jahrelang hattest, kannst du nicht in ein paar Tagen ändern.

- Übe selbstbewusstes Auftreten immer wieder vor dem Spiegel. Nutze souveräne Menschen als Vorbild. Orientiere dich an ihrem Auftreten, ihrer Körperhaltung, ihrer Stimmlage, ihrer ruhigen Wortwahl. Kontrolliere dich selbst im Alltag, und lobe dich für alles, was dir gelingt.
- Lerne, zu dir zu stehen, und äußere deine Gefühle. Wenn dich deswegen jemand unfreundlich behandelt, dann bleibe ruhig, äußere laut: »Das muss ich mir nicht anhören«, und gehe aus der belastenden Situation.

Beständigkeit

Tropfen für Tropfen entstehen neue Steinstrukturen und wunderbare Welten. Folge deinen Träumen, und erweitere deine Vorstellungskraft. Du kannst Großes erreichen, wenn du deinem Herzen vertraust und mit dir selbst geduldig bist.

Seelenaufgabe

Sei geduldig mit dir selbst. Habe das Vertrauen, dass du deine Träume und Ziele verwirklichen wirst. Große Ziele brauchen ihre Zeit. Wir Menschen können nicht mit der Vernunft den richtigen Zeitpunkt bestimmen, sondern unsere Seele leitet alles in die Wege, wenn der Moment gekommen ist. Wichtig ist, dass du nicht aufgibst, sondern Schritt für Schritt weiter auf deine Ziele und Träume zugehst. Sei beständig in dem, was du tust, denn große Ziele erfordern auch viel Leistung. Jeder erfolgreiche Mensch weiß: Von nichts kommt nichts. Nur, wenn du bereit bist, die notwendige Arbeit zu tun, wirst du Erfolg haben. Der einzige Fehler, den du machen kannst, ist, nicht an dich und deinen Erfolg zu glauben.

Du kannst es schaffen, denn du bist eine erfolgreiche und starke Seele. Mache dir einen Plan, und lege Zwischenetappen fest. Lobe dich, wenn du einen Schritt weiter gekommen bist, und vertraue dich deiner inneren Führung an. Sie zeigt dir den Weg, die Richtung und die Möglichkeiten auf. Im Moment stehst du genau dort, wo du jetzt sein sollst. Aber morgen kann es bereits ein gutes Stück vorwärtsgehen. Es ist nicht wichtig, wie schnell du dein Ziel erreichst, sondern, dass du glücklich, zufrieden und im Einklang mit dem Ganzen bist. Wenn du eine positive Einstellung zu dir selbst gefunden hast, kannst du energetisch auch Positives in dein Leben ziehen. Strahle den Erfolg aus, und er wird den Weg zu dir finden, aber verkrampfe dich nicht. Lasse es fließen – dann kommt es von selbst. Alles geschieht zur richtigen Zeit, wenn du mit offenem, positivem Herzen deinen Weg gehst und innerlich weißt, dass du jeden Erfolg verdienst.

Praktischer Tipp

- Definiere dein Ziel genau. Denn nur, wenn du weißt, was du erreichen willst, wirst du in die richtige Richtung gehen.
- Setze dir Zwischenziele, damit du schneller zu einem Teilerfolg kommst. Das motiviert dich, durchzuhalten.
- Stelle dir deinen Erfolg bildlich vor, fühle ihn und das gewünschte Ergebnis so plastisch wie möglich. Praktiziere dies 14 Tage lang jeden Abend vor dem Einschlafen. Danach lasse den Wunsch los, denn damit schickst du ihn energetisch ans Universum.
- Habe Vertrauen, und sei geduldig.

Bewegung

Wasser hält viele Möglichkeiten für Sport bereit. Sorge für eine ausgeglichene Bewegung in deinem Leben. Wenn du bisher wenig getan hast, dann plane die Bewegung, die zu dir passt, dreimal pro Woche ein. Wenn du sehr viel Sport machst, dann gönne deinem Körper öfter Ruhe.

Seelenaufgabe

Bleibe in allen Bereichen in Balance, und bringe Körper, Geist und Seele in Harmonie. Widme dich in der nächsten Zeit besonders deinem Körper und seiner Bewegung, denn hier scheinst du in ein Ungleichgewicht geraten zu sein. Achte darauf, dich dreimal pro Woche zu bewegen. Suche dir etwas, was zu dir und deinem Körper passt – es gibt viele Möglichkeiten, den Körper elastisch zu halten. Wichtig ist, dass du dich dabei wohlfühlst. Dem einen liegt Joggen, dem anderen Schwimmen oder Radfahren. Aber auch sanfte Bewegung wie Yoga oder Qigong sind möglich. Entscheidend ist die Kontinuität. Plane den Sport fest in deinen Tagesablauf ein, aber übertreibe es nicht.

Wenn du bisher sehr viel Sport gemacht hast, dann bist du ebenfalls im Ungleichgewicht. Sorge für mehr Ruhe und Entspannung. Gönne deinem Körper Pausen. Wellness statt Fitness ist das Motto, damit du wieder in Harmonie mit deinem Innersten kommst. Reduziere vielleicht auch die Dauer der körperlichen Belastung. Wichtig im Leben ist immer das Gleichgewicht, das Yin und Yang. Bist du in deiner Mitte, fühlst du dich dauerhaft gut und bleibst gesund. Lebe in der Balance, um dich frei, unbeschwert und kraftvoll zu fühlen.

Praktische Tipps

- Was auch immer du verändern möchtest, fange langsam an. Gehe nicht von einem Extrem in das andere, sondern ändere deine Gewohnheiten in Etappen. Erstelle dir einen aufbauenden oder abbauenden Fitnessplan, um ins Gleichgewicht zu kommen.
- Achte für deine körperliche Fitness auch auf deine Ernährung. Naschst du viel Süßes, dann iss auch Herzhaftes. Du solltest genauso gesundes wie auch mal ungesundes Essen zu dir nehmen, denn das eine ist wichtig für deine Gesundheit und das andere für dein seelisches Gleichgewicht.

- Vergiss die Flüssigkeitszufuhr nicht, wenn du dich viel bewegst.
- Wenn du sehr viel laufen gehst, dann überlege dir, wovor du wegläufst. Wenn du dich zu wenig bewegst, dann deutet das darauf hin, dass dich etwas in deinem Leben blockiert und träge macht.

Blockade

An manchen Stellen wird das Wasser blockiert und staut sich. Was blockiert dich in deinem Leben? Löse dich aus belastenden Situationen, indem du für Klarheit sorgst. Sprich aus, was dich bedrückt, und sorge für Harmonie in deinem Inneren.

Seelenaufgabe

Fühlst du dich im Einklang mit dir selbst? Spürst du innere Harmonie? Wenn du dies verneinst, dann blockiert dich etwas auf seelischer Ebene. Ein Teil von dir wird bisher nicht ausgelebt. Tief in deinem Inneren ist etwas, was herauswill. Eine Energie steckt fest und sorgt für Stau und Blockaden. Räume das Hindernis aus dem Weg, indem du aufhörst, einen Teil von dir zu unterdrücken. Vielleicht ist es dein Herz, das du aus Angst vor neuen Verletzungen abgeschottet hast. Doch es will in Liebe fließen. Habe das Vertrauen, dass dich niemand verletzen kann, wenn du erkannt hast, wie wertvoll und liebenswert du bist. Verstecke nichts, sondern zeige allen Menschen, wie einzigartig du bist. Erwarte nicht, dass alle dich dafür lieben, aber liebe dich selbst und alles, was du bist. Folge deiner inneren Stimme, und schwindle nicht um des lieben Friedens willen. Stehe zu dem, was für dich richtig ist. Sage Nein, wenn du etwas nicht willst, und Ja, wenn du etwas willst. Äußere stets deine Gefühle, und bleibe möglichst ruhig und ausgeglichen dabei. Auch du darfst anderen gegenüber Kritik üben, aber verletze sie nicht. Alle Menschen sind sensibel und wünschen sich Achtung, Respekt und Liebe. Schenke auch dir selbst Anerkennung, und lobe dich für jeden neuen Schritt, den du in deiner Entwicklung machst.

Praktische Tipps

- Wenn bestimmte Menschen dich emotional belasten, dann übe wichtige Gespräche mit ihnen im Vorfeld vor dem Spiegel. Achte auf dein Auftreten, und überlege dir sämtliche Entgegnungen, die kommen könnten, und die passenden Argumente. So gelangst du zu mehr Sicherheit im Gespräch.

- Wenn du dich unsicher fühlst, dann atme ein paarmal tief in deinen Bauch hinein, und sage dir: »Es ist alles gut.«
- Tue langfristig nichts, was dir innerlich Unruhe bereitet. Wenn du dich z. B. am Arbeitsplatz nicht wohlfühlst, dann versuche, das Problem mit den Kollegen oder dem Chef zu lösen. Wenn das nicht geht, suche dir in Ruhe einen anderen Job.

Brücken

Wasser fließt durch Brücken hindurch, die alles miteinander verbinden. Auch du bist mit allem verbunden. Mache dir bewusst, dass es keine Trennung im Leben gibt, dass alles eins ist und auch du Teil des Ganzen bist. Spüre die Verbindung zur Natur, zu Pflanzen, Tieren und anderen Menschen.

Seelenaufgabe

Fühle die Verbundenheit des Lebens, das seelische Netzwerk, das dich umgibt. Du bist Teil des gesamten Universums, Teil einer Welt, die wir Menschen nur erahnen können. Du bist niemals allein, auch wenn

du dich vielleicht manchmal einsam fühlst. Alles in deinem Leben ist energetisch mit dir verbunden. Alles reagiert auf dich, so, wie auch du auf alles reagierst. Jede deiner Handlungen zieht eine Reaktion nach sich. Mit allem, was du tust, veränderst du deine Welt. Auch deine Gedanken beeinflussen alles, was existiert. Spüre diese Verbindung, und gehe bewusst über die energetischen Brücken. Fühle dich in andere hinein. Erfahre, was sie denken, spüre ihre Freude und ihren Schmerz, denn sie sind auch ein Teil von dir. Wähle deine Worte bewusst, wenn du sprichst – ganz egal, worum es geht. So sorgst du für eine angenehme Gedankenkraft, die dich wie eine lichtvolle Wolke umgibt. Sei achtsam bei allem, was du tust, und werde dir deiner seelischen Stärke bewusst. Denn du besitzt die Macht, die Dinge zu verändern und dein Leben nach deinen Vorstellungen zu gestalten, sobald du erkannt hast, wie alles zusammenhängt.
Du stehst jederzeit in Verbindung mit den Göttern, Lichtwesen, Engeln und Meistern. Du hast die Möglichkeit, über die Brücke ins Jenseits zu schauen und geliebte Seelen dort zu besuchen. Du kannst dich mit deinen Haustieren verbinden und ihre Gedanken fühlen. Du bist in der Lage, auf einer anderen als der sprachlichen Ebene mit jedem Menschen zu kommu-

nizieren. Höre der Natur zu, und bringe ihr Heilung, indem du die Brücke allen Lebens betrittst. Spüre die Verbindung in deinem Herzen.

Praktische Tipps

- Schließe deine Augen, zentriere dich auf dein Innerstes, und fühle deine Umgebung. Stelle sie dir genau vor. Übe dies an verschiedenen Orten und regelmäßig.
- Fühle dich in andere Lebewesen hinein, beobachte sie, und lerne, sie zu lesen, ohne dich der menschlichen Sprache zu bedienen. Sprich anschließend aus, was du gespürt hast, und vergleiche es mit dem, wie sich das Tier verhält oder was dem anderen Menschen wirklich durch den Kopf ging.
- Sende Gegenständen, deinen Haustieren und deinen Mitmenschen immer wieder energetisch Liebe.

Brunnen

Im Brunnen sammelt sich das Wasser. Auch wir Menschen sammeln zahlreiche Probleme an. Doch vieles davon gehört nicht zu uns. Gib die Probleme anderer ab, denn es ist nicht deine Aufgabe, sie zu lösen. Was jedoch zu dir gehört, möchte endlich seelisch frei werden.

Seelenaufgabe

Du bist ein gutmütiger und sehr mitfühlender Mensch. Wenn jemand belastet ist, möchtest du ihm unbedingt helfen, denn du wünschst dir eine Welt voller Harmonie und Glück. Vieles, was du an Leid, Schmerz, Trauer und Problemen trägst, hat seinen Ursprung nicht bei dir. Es ist entstanden, bevor du auf die Erde kamst, und wurde von Generation zu Generation weitergegeben. Du schulterst die Lasten deiner Ahnen, den Schmerz deiner Urgroßeltern, deiner Großeltern und deiner Eltern. Das alles ist zu viel für dich und hat auch nichts mit dir zu tun. Durchbrich dieses belastende Familienband, und sei die Generation der Heilung. Gib das Gute an deine Kinder weiter, aber befreie deine Familie von dem alten, vergangenen Leid. Nur wenn wir es energetisch am Leben halten, hat es Einfluss auf uns. Deine Vorfahren hatten es vermutlich nicht leicht und konnten nicht alle ihre Probleme lösen. Doch du bist jetzt bereit dazu, Heilung, Liebe und inneren Frieden in deine Familie zu bringen. Auch die Probleme der Menschen um dich herum, deiner Freunde, Nachbarn und Arbeitskollegen, kannst du nicht lösen. Nimm sie nicht mit nach Hause, sondern schüttle alles ab, was dich belastet. Gib es verantwortungsvoll zurück. Du kannst Ratschläge geben, aber die Probleme lösen kann nur derjenige selbst, zu dem sie gehören. Du darfst frei, unbelastet und glücklich sein, denn jeder ist seines Glückes Schmied.

Praktische Tipps

- Liste alle Probleme auf, die dich beschäftigen. Woher kommen sie? Hast du manche Probleme von anderen auf dich übertragen, damit diese sich nicht allein fühlen oder du dich dazugehörig fühlen kannst?
- Welche Eigenschaften deiner Eltern führst du fort, obwohl du sie nicht gutheißt? Wir übernehmen viele Verhaltensweisen unbewusst, denn sie prägen sich durch Vorbilder ein. Du kannst dich aber auch

wieder umprogrammieren, indem du dich bewusst beobachtest.

- Die meisten Probleme lassen sich lösen, indem man sie intensiv bespricht. Suche den Weg der Kommunikation, dann erfährst du die Sicht des anderen.

Dankbarkeit

Wasser schenkt uns, wie die gesamte Natur, Schönheit und Wunder. Fühle Dankbarkeit in dir für die täglichen Geschenke, die sich dir offenbaren. Erkenne die Schönheit in den vielen fantastischen Augenblicken des Lebens. Öffne deine Augen und dein Herz für alles, was ist.

Seelenaufgabe

In jedem Augenblick deines Lebens liegt dir die Welt zu Füßen und schenkt dir eine Vielfalt an Wundern. Wenn du mit offenen Augen durch dein Leben gehst, wenn du dein Herz öffnest und die Wunder als solche erkennst, wirst du der Schönheit deines Lebens gewahr. Erkenne die Besonderheit in den zahlreichen kleinen Momenten, die das Leben dir schenkt. Öffne deine Augen für das Lichtspiel der Sonne am Himmel oder auf dem Wasser, die bunten Farben der Natur, die zwitschernden Vögel, die huschenden Eichhörnchen oder die Hunde und Katzen in Nachbars Garten. Fühle die Dankbarkeit für alles, was in deinem Leben ist: für dein Heim, für deine Familie, für deine guten Freunde, für die Haustiere, für das gemeinsame Lachen und Weinen. Fühle, wie reich du beschenkt wurdest und wie viele schöne Augenblicke du täglich hast, wenn du sie bewusst wahrnimmst. Sei achtsam, und öffne deinen Blick für die unendliche Weite deines Lebens, für die vielen Möglichkeiten inneren Glücks.

Praktische Tipps

- Gehe ganz bewusst in die Natur, und nimm alles intensiv in dich auf. Verweile, wenn du etwas Schönes entdeckst, und lasse es auf dich wirken. Gib der entstehenden Demut oder dem Glücksgefühl viel Raum, sodass sie dich innerlich durchfluten.
- Gehe jeden Abend vor dem Schlafengehen alles Schöne des vergangenen Tages in Gedanken durch. Durchlebe dabei das schöne Gefühl erneut, erfreue dich daran, und spüre tiefe Dankbarkeit in dir.

- Konzentriere dich jeden Tag immer wieder auf positive Gefühle wie Glück, Freude, Liebe, Dankbarkeit. Übe dich im Loslassen niederer Gefühle wie Ärger, Frust, Wut, Neid, Hass, wenn sie zwischendurch aufkommen. Lenke dann bewusst dein Augenmerk auf etwas Schönes, eine Kleinigkeit, eine Erinnerung, was auch immer dein Herz aufgehen lässt.
- Mache dir bewusst, dass es anderen Menschen nicht so gut geht wir dir. Erkenne den Reichtum, den du hast.

Druck

Wasser schießt unter Druck hervor. Druck tut niemandem gut. Setze dich nicht selbst unter Druck, sondern bleibe gelassen. Alles passiert zur richtigen Zeit, sei geduldig. Wenn es sein soll, dann wird es auch passieren. Lasse dich auch nicht durch andere unter Druck setzen, ziehe Grenzen.

Seelenaufgabe

Druck ist eine destruktive Kraft, denn er blockiert dich auf Dauer energetisch. Wenn wir Höchstleistungen bringen müssen, hilft uns der Druck, schnell zu reagieren, da bestimmte Hormone ausgeschüttet werden. Doch dies ist nur in Extremsituationen hilfreich, im Alltag schadet dieser Zustand. Dauerdruck und Stress führen dazu, dass unsere Körperzellen auf ein Notstandsprogramm umstellen und überreagieren. Ihr Energiebedarf steigt enorm an, denn sie arbeiten permanent auf Hochtouren. Die Hormondrüsen produzieren ununterbrochen, bis unser Körper irgendwann kollabiert. Nimm dir selbst den Druck weg, und schalte ein paar Gänge herunter. In der Ruhe liegt die

Kraft. Alles, was passieren soll, wird geschehen – auch wenn du in deiner seelischen Mitte bleibst. Wenn du einen Marathon läufst, wirst du mit deiner Höchstgeschwindigkeit nicht ins Ziel kommen. Nur, wenn du deine Kraft einteilst, hältst du die Belastung durch. Genauso ist es im Leben. Teile dir deine Kraft besser ein. Bleibe entspannt, aber gehe konstant deinen Weg. Keine Maschine läuft auf Hochtouren dauerhaft gut, erst recht nicht dein Körper mit allen seinen Stärken und Schwächen. Doch du schaffst alles, wenn du dir selbst treu bleibst und auf die inneren Sensoren achtest. Nimm jetzt den Druck aus deinem Leben, und bleibe gelassen.

Praktische Tipps

- Was ist dein bisheriger Motor im Leben? Werde dir dessen bewusst, indem du herausfindest, was wirklich wichtig für dich ist. Was hast du andererseits gemacht, was nicht zu dir gehört? Warum verbiegst du dich für andere? Was erhoffst du dir davon? Liebe? Aufmerksamkeit? Lob? Anerkennung?
- Immer, wenn du dich sehr gestresst fühlst, gehe bewusst in die Ruhe. Höre mit dem, was du tust, auf, und konzentriere dich auf deine Atmung. Ver-

langsame sie schrittweise, bis du ruhig und tief in den Unterbauch atmest und dein Innerstes wieder entspannt ist. Schließe die Augen, und lasse die Ruhe noch 3–5 Minuten in dir wirken.

- Erkenne deine Leistungen an, und löse dich von dem Anspruch auf Perfektion. Bleibe möglichst ruhig und entspannt.

Energie

70 % der Erdoberfläche ist von Wasser bedeckt, das energetische Informationen speichert. Unser Körper besteht etwa zum gleichen Teil aus Wasser. Achte auf die Qualität deiner täglichen Gedanken, denn sie informieren dein Körperwasser. Schenke positiven Gedanken mehr Raum.

Seelenaufgabe

Wasser nimmt Nährstoffe und Informationen auf. Das machen wir Menschen uns zunutze, indem wir mineralienreiches Wasser trinken und die Wirkstoffe von Kräutern und Essenzen im Wasser lösen. Doch bist du dir dieser wichtigen Funktion von Wasser bewusst?

Dein Körper enthält jede Menge Wasser, und auch dieses enthält energetische Informationen. Gehe mit dieser Tatsache bewusst um, denn sie birgt unendliche Möglichkeiten für dich, wenn du sie gewinnbringend einsetzt. Achte auf deine täglichen Gedanken, denn sie werden in deinem Körperwasser gespeichert und lassen es in einer bestimmten Frequenz schwingen. Jeder gute Gedanke erhöht diese Schwingung und damit deine Energie. Jeder belastende Gedanke verringert die Frequenz und entzieht deinem Körper Lebenskraft. Es ist wichtig, sich seiner täglichen Gedanken bewusst zu werden. 60.000 Gedanken fließen täglich durch deinen Kopf und beeinflussen deine Schwingung. Lenke deine Gedanken ins Positive, um dich kraftvoller, energiegeladener und stärker zu fühlen. Das fördert deine Gesundheit und sorgt für Glück und Harmonie. Sorgen und Grübeln bringen dich nicht weiter, konzentriere dich lieber auf Lösungen. Richte dein Leben nach deinen inneren Wünschen aus, um Glück und Freude zu spüren. Fördere das Gefühl der Dankbarkeit, denn es heilt und sorgt für gute Energie. Belebe dein Körperwasser, und sende gute Gedanken in die Welt.

Praktische Tipps

- Lenke deinen Geist bei Sorgen ab, indem du ihn mit etwas Schönem beschäftigst. Das kann ein gutes Buch sein, ein spannender Film oder ein Hobby. Erledige Aufgaben, auf die du dich konzentrieren musst, sodass du keine Zeit hast, an Negatives zu denken.
- Schreibe Sätze, die dich bremsen und dir häufig in den Kopf kommen, auf. Wandle sie dann in einen positiven, motivierenden Satz um. Übe diesen Satz wie eine Affirmation ein, bis er sich fest einprägt.
- Vergegenwärtige dir, dass es Menschen gibt, denen es derzeit weniger gut geht als dir. Erkenne daran, wie reich dein Leben ist. Du hast ein Dach über dem Kopf, genügend Essen und Trinkwasser, Schule und Ausbildung, Gesundheit, Familie ...
- Führe eine heilende Meditation für dein Körperwasser durch. Stelle dir klares, fließendes Wasser vor, das durch deinen Körper sprudelt und ihn erfrischt.

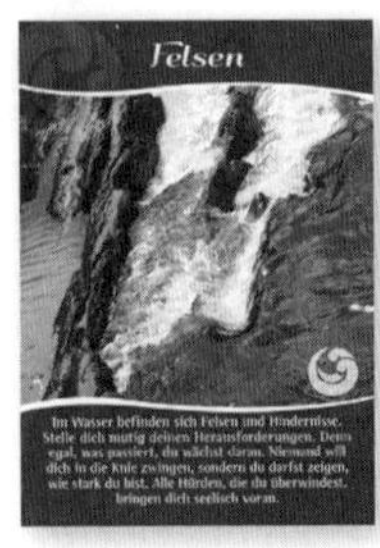

Felsen

Im Wasser befinden sich Felsen und Hindernisse. Stelle dich mutig deinen Herausforderungen. Denn egal, was passiert, du wächst daran. Niemand will dich in die Knie zwingen, sondern du darfst zeigen, wie stark du bist. Alle Hürden, die du überwindest, bringen dich seelisch voran.

Seelenaufgabe

Du bist schon weit gekommen in deinem Seelenleben und hast bereits zahlreiche Herausforderungen gemeistert. Manche dieser Aufgaben waren dir bewusst und haben dir einiges abverlangt. Andere hast du wiederum kaum bemerkt und ganz nebenbei überwunden. Alles, was in deinem Leben geschieht, fordert dich auf die eine oder andere Art heraus. Auch, dass du jeden Morgen aufstehst und deine Aufgaben erfüllst, ist eine Leistung, die du meisterst. Jeder einzelne Schritt, den du in deinem Leben gehst, bringt dich voran und erfordert deine Kraft. Viele Hürden erkennst du nicht als solche. Doch wenn sich etwas besonders bemerkbar in deinen Lebensweg stellt, sodass du auf deinem Pfad tatsächlich nicht mehr weiterkommst, dann dient dies deiner seelischen Neuausrichtung. Je mehr Widerstand du verspürst, desto mehr Möglichkeiten zu seelischem Wachstum bieten sich dir. Nimm alle deine Herausforderungen an, gib den Widerstand auf, und lasse dich auf die neue Situation ein. Schwimme im Fluss des Lebens mit, indem du aufhörst, dich festzuklammern. Lässt du dich führen und treiben, dann umschiffst du jedes vermeintliche Hindernis, denn dann lenkt dich deine Seele durch dein Leben. Alles wird gut, lasse es geschehen.

Praktische Tipps

- Jedes Lebewesen hat seinen eigenen Seelenplan, und zwei Leben laufen nicht ewig parallel. Es gibt im Leben ein Kommen und Gehen von Gegenständen, Tieren, Menschen und Seelenwesen. Schätze den Augenblick der Gemeinsamkeit, aber halte nicht daran fest.
- Notiere alle kleinen und großen Herausforderungen, die du in deinem Leben bereits gemeistert hast. Merkst du, wie stark du bist? Dass du dich von nichts hast unterkriegen lassen, auch wenn dich manches geformt und verändert hat?

- Dein Ziel im Leben sollte sein, am Ende dankbar und erfüllt gehen zu können. Lebe dein Leben so, dass du niemals mit deinem Tod hadern musst, falls er früher kommt als gedacht. Sei im Frieden mit dir und anderen. Lebe dein Leben wie ein Geschenk.
- Stehe auf, und gehe weiter, dann wird der Weg leicht.

Flüssigkeit

Wasser spendet Flüssigkeit und Leben. Im Alltag vergisst man leicht das Trinken. Trinke die nächsten Tage besonders viel Quellwasser, denn dies reinigt und entgiftet deinen Körper. Achte auf die Qualität, und trinke bewusst viel gutes Wasser.

Seelenaufgabe

Wir Menschen bestehen zu einem Großteil aus Wasser. Nur, wenn wir genügend Flüssigkeit in uns haben, sind der Stoffwechsel und andere wichtige Körperfunktionen aktiv. Achte darauf, wie viel Flüssigkeit du täglich trinkst. Steigere in der nächsten Zeit die tägliche Menge, um Defizite auszugleichen, deinen

Stoffwechsel anzuregen und deinen Körper zu entgiften. Trinke bevorzugt reines Quellwasser oder Kräutertees. Verzichte eine Zeit lang bewusst auf Alkohol und zuckerhaltige Getränke. Schränke auch deinen Kaffeekonsum ein wenig ein. Werde dir bewusst, dass Wasser die Informationen der Umgebung aufnimmt. Genau das machen wir uns in der Homöopathie, bei der Teezubereitung und mit Badezusätzen zunutze. Doch das Wasser nimmt auch unerwünschte Informationen an und speichert sie, etwa Medikamentenrückstände, Hormone und Antibiotika im Abwasser. Genauso bringen deine Gedanken Informationen in dein Körperwasser. Daher achte darauf, welche Schwingungen du weitergibst. Neutralisiere ungünstige Informationen im Wasser, das du trinkst, oder bevorzuge Arteserquellwasser, das ist am gesündesten und reinsten. Mache dir die Pflanzenkunde zunutze, und setze deinem Trinkwasser bestimmte Kräuter, Obst- und Gemüsestücke zu, um heilende Informationen auf dein Körperwasser zu übertragen. Trinke achtsam und bewusst. Indem du das Wasser durch deinen gesamten Körper fließen lässt, regst du den Kreislauf des Lebens in dir an – das Aufnehmen, das Abgeben, das Kommen, das Gehen. Trinke so viel, dass jede einzelne Zelle deines Körpers genügend Flüssigkeit bekommt.

Praktische Tipps

- Stelle dir morgens die Menge an Wasser bereit, die du täglich trinken möchtest (35 ml/kg Körpergewicht). Stelle ein Glas in Reichweite, damit du zwischendurch immer wieder trinkst.
- Filtere dein Wasser, um ungünstige Informationen zu beseitigen. Sammle Regenwasser, denn dieses ist uninformiert.
- Trinke bewusst viel Wasser, um deinen Körper zu reinigen. Segne dein Wasser, bevor du es trinkst.
- Bevorzuge Wasser in Glasflaschen, denn Plastikflaschen geben einen Teil ihrer Stoffe an das Wasser ab, die du dann aufnimmst.

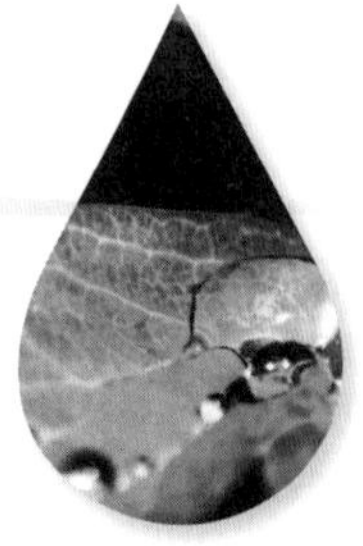

Fluss des Lebens

Wasser durchströmt das Land zum Meer hin. Alles im Leben ist im Fluss. Heiße Veränderungen in deinem Leben willkommen. Lasse Altes los, und freue dich auf Neues. Nichts währt ewig, doch es ist gut so, wie es ist. Folge dem Fluss deines Lebens.

Seelenaufgabe

Das einzig Beständige im Leben ist die Veränderung. Wenn du in deinem Leben zurückblickst, dann erkennst du: Vieles, was dir vertraut war, endete irgendwann. Menschen, mit denen du viel gemeinsam hattest, sind irgendwann andere Wege gegangen. Dein Freundeskreis verändert sich im Laufe deines Lebens, auch die Familie bekommt Zuwachs, andere Mitglieder müssen in die nächste Ebene weitergehen. Auch wir selbst verändern uns im Laufe des Lebens, und das ist unsere Aufgabe. Es gibt keinen Grund für Unsicherheit, wenn nun Veränderungen anstehen. Das Leben fließt, und wir stehen mittendrin. Löse dich vom bekannten Ufer, lasse dich in eine neue Umgebung treiben, und gehe mit positiver Erwartung an Land. Erwecke das spielerische, neugierige Kind in dir, das mutigen Schrittes seine Umgebung erkundet. Denn nur, wenn du dich fortbewegst, kannst du Neues erfahren. Es ist wichtig, dem Fluss des Lebens zu folgen, denn sonst zieht die Strömung an dir vorbei, und du verpasst wichtige Gelegenheiten deines Lebens. Du bist hier auf Erden, um zu leben. Lasse dich führen. Verliere deine Angst, denn das Leben bringt dich immer ans richtige Ufer. Auch alle anderen Menschen verändern sich im Laufe des Lebens. Jeder wächst an seinen Herausforderungen, wird älter, aber auch weiser. In deinem Körper gibt es ebenso einen Kreislauf des Lebens. Tag für Tag fließt dein Blut durch Adern und Venen, dein Atem durch die Lunge und dein Schweiß durch deine Poren. Alles ist im Fluss, und du bist immer ein Teil davon. Nimm freudig an, was auf dich zukommt, und bedanke dich liebevoll bei allem, was aus deinem Leben geht. Alles hat seine Zeit – das Kommen und das Gehen. Habe Vertrauen.

Praktische Tipps

- Blättere alte Tagebücher und Fotoalben durch, und erkenne den Wandel, der bereits stattgefunden hat.
- Wenn du etwas oder jemanden aus deinem Leben verabschieden musst, führe ein Abschiedsritual

oder eine Zeremonie durch. Dadurch wird es dir leichter fallen, das Alte loszulassen. Das können ein Brief, eine Feier, eine neue Frisur, neue Kleidung, das Verbrennen oder Aussortieren alter Sachen sein.

- Empfinde bewusst Dankbarkeit für alles, was in deinem Leben ist, und feiere jeden einzelnen Tag.

Funkeln

Wasser glitzert und funkelt im strahlenden Sonnenlicht. Auch du hast die Fähigkeit, zu strahlen und zu leuchten. Zeige anderen das Licht deiner wunderbaren Seele. Vertreibe die alten Schatten, die dein Leuchten unterdrückt haben. Erhelle die Welt.

Seelenaufgabe

Es ist Zeit, dein inneres Licht zum Leuchten zu bringen und dein Leben nach deinen seelischen Bedürfnissen auszurichten. Wenn bisher etwas dein Strahlen unterdrückt hat, wird es Zeit, das Feuer des Lebens und der Liebe wieder zu entfachen. Befreie dich von allen

Schatten, von allem, was nicht zu dir und deiner Seele gehört. Denn du kannst funkeln und leuchten wie ein göttlicher Diamant, wenn du dich daran erinnerst, warum du hier auf Erden bist. Strahle im Licht der Sonne, und reflektiere das, was du wirklich bist: eine wunderschöne Seele, deren Antlitz ein Ausdruck der Liebe ist. Verstecke dich daher nicht, indem du etwas darstellst, was dir selbst nicht entspricht. Befreie dich von allem, was dich an deinem Sein hindert und blockiert, was dich im Dunklen zurückhält. Jeder Mensch wünscht sich Licht in seinem Leben, doch viele wissen nicht, dass sie selbst das Licht in sich tragen. Wir alle sind Hüter der Flamme des Lebens, Träger des Feuers der Liebe und Bewahrer des Lichts unserer eigenen Göttlichkeit. Deine Seele leuchtet, wenn du ihren Bedürfnissen entsprichst. Dann wird ihre Flamme ganz stark und strahlt aus deinem Innersten heraus bis zum Ende der Welt. Zeige der Welt, wer du wirklich und wahrhaftig bist, denn du bist wichtig für das große Ganze. Du kannst niemals alle Menschen glücklich und zufrieden machen, doch bei einem einzigen solltest du das immer tun: dir selbst! Sei dein eigener leuchtender Stern in der Dunkelheit. Sei das helle Licht der inneren Zufriedenheit. Zeige deinen göttlichen Kern, lasse ihn leuchten und funkeln, denn dieses Licht trägt Liebe und Frieden in die Welt.

Praktische Tipps

- Erfreue deine Seele, indem du Dinge tust, die dein Herz zum Leuchten bringen: Hobbys, Freundschaften, Träume erfüllen, Tiere, Kreatives ...
- Schließe Frieden mit schweren Situationen in der Vergangenheit, befreie dich von Groll, Schuldzuweisungen oder Ärger. Alles, was zählt, ist, was jetzt ist. Die Vergangenheit darf nun ruhen.
- Höre auf, dich anderen zuliebe zu verstellen. Sei du selbst, und äußere, was du fühlst. Arbeite an deiner Selbstsicherheit, und erkenne, wie weit du in deinem Leben bereits gekommen bist.
- Bleibe gezielt den Tag über in positiven Gedanken.

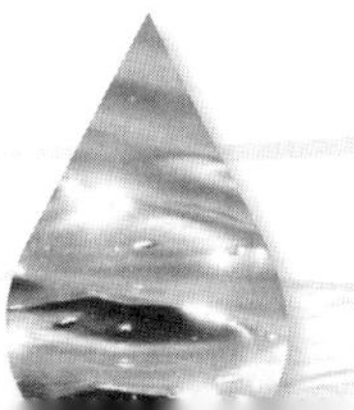

Gefühlsansturm

Manchmal schäumt und brodelt das Wasser. Welche Gefühle brodeln in dir? Werde dir unterdrückter Emotionen bewusst, und schenke ihnen Raum. Kanalisiere sie in eine positive Kraft. Lebe, was in dir steckt, denn jedes Gefühl darf Teil von dir sein.

Seelenaufgabe

Unterdrückst du manchmal deine Gefühle? Fällt es dir schwer, zu allen deinen Emotionen zu stehen? Gefühle sind wichtig, denn sie machen unsere Menschlichkeit aus. Wir werden von ihnen mitgerissen, überflutet, und manchmal sprudeln sie wie eine Quelle in uns hoch. Jedes Gefühl kann in uns entstehen und gehört zum Leben dazu. Manche Gefühle möchte man nicht erleben, und dennoch sind sie in uns. Wenn du ein Gefühl unterdrückst und so tust, als existiere es nicht, dann schwelt es tief in dir. Manchmal bricht das Gefühl dann aus dir heraus wie in einer Vulkaneruption und zwingt dich, es anzuschauen. Jedes Gefühl hat seine Berechtigung und sollte sich auch zeigen dürfen, denn es vermittelt dir eine wichtige Botschaft deines Selbst. Lasse zu, was in dir ist. Schenke jedem

Gefühl die Freiheit, sich durch dich zu äußern, denn dann kann es sich auch lösen und wandeln. Unterdrücke nichts, denn dadurch würdest du dich nur selbst verletzen. Gibt es ein Gefühl, das auszuleben dir besonders schwerfällt? Alle Gefühle, die wir unterdrücken, belasten uns energetisch, blockieren uns in unserem Sein. Lebe alle Gefühle aus, aber halte dich mit unschönen Gefühlen nicht lange auf. Lasse das Gefühl aus dir hinaus, und löse es durch ein Ritual, durch heilende Liebe oder dadurch wieder auf, dass du erkennst, dass es in deine Vergangenheit gehört. Heile dein Innerstes, indem du den bunten Regenbogen aller Gefühle zulässt.

Praktische Tipps

- Kanalisiere deine Gefühle. Schreie nicht herum, aber äußere ruhig und direkt deine Meinung.
- Was musstest du früher unterdrücken, um dich geliebt zu fühlen? Welche Situationen lösen heute noch diesen Automatismus in dir aus?
- Lasse unterdrückte Gefühle hinaus, indem du z. B. im Wald deine Wut laut herausbrüllst. Weine absichtlich, wenn du dir deine Traurigkeit nicht erlauben kannst, lache laut, wenn du die Fröhlichkeit

vermisst. So zeigst du dir selbst, wie das jeweilige Gefühl auszuleben ist und sich anfühlt.

Gemeinschaft

Wasser bietet Raum für Gemeinschaft und Freundschaft. Freunde und Familie sind für jeden Menschen wichtig. Pflege den Kontakt zu anderen, und räume ihnen mehr Zeit in deinem Leben ein. Arbeit ist nicht alles, und Beziehungen tun deiner Seele gut.

Seelenaufgabe

Pflege deine persönlichen Kontakte. Triff dich mit Freunden, die dir wichtig sind. Tausche dich regelmäßig mit anderen Menschen aus. Besuche Familienmitglieder, die du schon länger nicht gesehen hast, oder lade sie zu dir ein. Vielleicht brauchtest du den Rückzug oder hattest für Treffen wenig Zeit. Doch du bist freundschaftlich und familiär mit anderen Menschen verbunden, und dies sollte geachtet und gepflegt werden. Gerade wenn es uns gut geht, ist es wichtig, andere Menschen daran teilnehmen zu lassen. Schließlich gibt es im Leben immer wieder

Ereignisse, bei denen wir Kraft und Hilfe durch andere Menschen benötigen. Social Media sind schön, aber ersetzen niemals ein persönliches Treffen. Nur, wenn du dir Zeit nimmst, erfährst du tief gehende und persönliche Gefühle und Gedanken von anderen Menschen, und auch du wirst nur über deine Emotionen sprechen, wenn du dich sicher und angenommen fühlst. Jeder Austausch zwischen Menschen bringt beide Gesprächspartner voran. Er erweitert unseren Horizont, zeigt uns neue Möglichkeiten und Wege und lehrt uns viel über das Leben. Grenze dich nicht davon aus, sondern öffne dich, indem du von Herz zu Herz mit anderen Menschen sprichst. Schenke deinen Freundschaften Zeit, und zeige den Menschen, wie wertvoll sie für dich sind, indem du ihnen einen gebührenden Platz in deinem Leben einräumst. Gute Freundschaften und eine liebende Familie sind etwas, wovon du ein Leben lang zehren kannst. Verbinde dich mit Menschen!

Praktische Tipps

- Rufe wichtige Freunde und Familienangehörige regelmäßig an, wenn sie weiter weg wohnen. Lasse dies zu einem regelmäßigen Ritual werden.

- Triff dich zumindest einmal im Monat mit Freunden oder deiner erweiterten Familie.
- Besuche Familienangehörige im Alters- oder Pflegeheim regelmäßig. Wenn möglich, gehe für einen Nachmittag mit ihnen nach draußen.
- Wenn du kaum Freunde hast, dann suche dir ein Hobby oder einen Kurs. Dabei kannst du einfach neue Menschen kennenlernen.
- Stelle Kontakt zu Personen aus deiner Vergangenheit her, die du aus den Augen verloren hast. Hier helfen dir Social Media. Doch wenn du sie gefunden hast, triff sie persönlich.

Halt

Die Schwäne stehen im Wasser auf festem Untergrund. Wer oder was ist dein Halt im Leben? Werde dir bewusst, was dich auffängt, wenn du strauchelst. Was dir Halt gibt im Sturm des Lebens. Sei auch du der Fels in der Brandung, und stehe mit beiden Beinen fest auf dem Boden.

Seelenaufgabe

Jeder Mensch benötigt einen Halt im Leben, etwas, wofür es sich zu kämpfen lohnt. Dieser ist wie ein Felsen im manchmal wilden Fluss des Lebens, auf dem wir ausruhen und durchatmen können, wenn uns z. B. ein Ereignis durcheinanderwirbelt. Wofür lohnt es sich für dich, alles zu geben? Deine Familie? Deinen Partner/deine Partnerin oder deine Kinder? Vielleicht auch ein Haustier, das dich in deinem Leben stützt, das da ist, wenn du es brauchst, dir Liebe gibt und treu an deiner Seite ist? Vielleicht hast du mehr als einen Halt, der dir zeigt, wie wertvoll das Leben ist.

Dennoch ist es wichtig, auf eigenen Füßen zu stehen und der eigene Fels zu sein. Lehne dich nicht nur an andere an, sondern stehe selbst aufrecht im Sturm. Du besitzt diese Stärke und brauchst keinen zusätzlichen Halt, wenn du deinen Wert erkannt hast. Du kannst deinen Kopf aus eigener Kraft über Wasser halten, wenn es dich im Strudel des Lebens einmal mitreißt. Sei stolz auf dich und deine Stärke, zeige der Welt deine unendliche Kraft, und erhebe dich. Warte nicht darauf, dass die Welt dich auffordert, ihr zu zeigen, was in dir steckt. Du selbst bist der Fels, dein Halt und das, wofür es sich zu leben lohnt. Du bist dein Grund für ein glückliches Leben.

Praktische Tipps

- Werde dir bewusst, wie du mit Krisensituationen umgehst. Zu wem gehst du, um dein Herz auszuschütten? Schaffst du es, allein Lösungen zu finden, oder verlässt du dich gern auf andere? Übe bei kleineren Schwierigkeiten im Alltag, sie selbst zu lösen.
- Arbeite an deinem Selbstbewusstsein. Erstelle eine Liste aller deiner Stärken. Du wirst sehen, dass es eine ganze Menge davon gibt.
- Wenn eine schwierige Situation auftritt, dann atme erst einmal tief durch, bevor du irgendetwas tust. Werde nicht hektisch, sondern sage dir: »Ich schaffe das.« Dann überlege, was dein bisheriger

Halt nun tun oder sagen würde, und gehe die Situation in Ruhe an.

- Lobe dich für jede selbst gelöste Situation. Sei stolz auf dich. Wenn etwas nicht geklappt hat, dann sage dir: »Das nächste Mal mache ich es besser.«

Kraft

Wasser hat eine unbändige Kraft, mit der es gegen das Land schlägt. Glaube an deine eigene Kraft. Alles, was dir wichtig ist, wird dir gelingen. Traue dir selbst mehr zu, denn du bist eine ewig lebende, starke Seele. Suche nicht im Außen nach Hilfe, du findest sie in dir. Du schaffst das, was immer es ist!

Seelenaufgabe

In jedem von uns steckt die Kraft des Lebens. Sie zeigt sich darin, dass dein Herz im Rhythmus schlägt, das Blut durch deine Adern rauscht und der Atem durch deine Lunge fließt. Das ist die Kraft der Unendlichkeit, die Kraft deiner Seele. Sie trägt dich, sie schützt dich, sie bewegt dich durchs Leben. Du brauchst nicht zu denken, um zu atmen, du brauchst dich nicht darauf zu konzentrieren, um die Abläufe zu wiederholen. Alles, was erforderlich ist, ist Vertrauen in dich selbst. Dann ist kein Weg zu weit, kein Berg zu hoch, kein Meer zu tief, wenn sie deine Bestimmung sind. Jede Herausforderung kannst du meistern, jeden Schritt auf deinem Seelenweg gehen. So erschaffst du dein Leben, wie es für deine Seele richtig ist. Erkenne deine Stärke und deine Größe, denn alle Möglichkeiten findest du in dir. Erhebe dich, und zeige dir selbst, was alles in dir steckt. Wo dein Wille ist, wird ein Weg sein. Alles, was dir wirklich und wahrhaftig wichtig ist, wird dir gelingen. Spüre die Kraft in dir, fühle die Macht, die du über dein eigenes Leben hast. Stehe auf, und gehe, wohin du willst, denn es ist dein Leben, es sind deine Verantwortung und deine Realität. Stehe für deine Bedürfnisse ein, und habe Vertrauen in deine innere Kraft.

Praktische Tipps

- Setze dir Ziele, und definiere sie genau. Welche Gefühle wirst du fühlen, wenn deine Träume Wirklichkeit geworden sind? Versetze dich immer wieder in diesen Zustand, das gibt dir die Kraft zur Verwirklichung.

- Betrachte alle deine bisherigen Erfolge. Mache dir bewusst, was du schon alles erreicht hast. Ersetze die Stimme deines inneren Kritikers, die dich ausbremst, durch einen persönlichen Motivator. Formuliere dafür einen Motivationssatz, den du glauben kannst, z. B. »Ich schaffe das« oder »Ich verdiene Erfolg«.
- Übe eine selbstbewusste Haltung vor dem Spiegel.

Lebensfreude

Im Wasser finden Versammlungen und Feste statt. Auch der Mensch braucht Freude im Leben. Sorge für mehr Leichtigkeit, gehe aus, triff dich mit Freunden, feiere Partys, und habe Spaß. Streife deine Traurigkeit ab, lerne, zu lachen und das Leben zu genießen. Jetzt ist es Zeit für Freude.

Seelenaufgabe

Lerne, die Leichtigkeit des Lebens zu sehen. Sorge für mehr Freude, und vergiss nicht, zu lachen und glücklich zu sein. Vielleicht hattest du in der Vergangenheit eine schwierige Phase, doch nun ist es Zeit, wieder hinauszugehen. Lasse die schweren Zeiten los, und genieße die Leichtigkeit. Habe Spaß an dem, was du tust. Arbeite nicht den ganzen Tag, sondern sorge für einen Ausgleich. Das Leben ist zu kurz, um es nicht zu genießen. Auch du darfst glücklich und zufrieden sein. Gib deinen antrainierten Perfektionismus ab – wenn du 75 % leistest, ist das auch noch sehr gut. Öffne dich dem wahren Leben, dem Lachen und Unbeschwertsein. Gehe unter Menschen, triff dich mit alten Freunden, fange neue Hobbys an. Nimm dir ein Beispiel an Menschen, die voller Freude und Dankbarkeit leben, die ausgehen, lachen und einfach glücklich sind. Du brauchst nun keine Traurigkeit mehr in deinem Leben, denn sie hatte lange genug Bestand. Schiebe keine falschen Gründe vor, »mein Job lässt mich nicht«, »ich habe Kinder« oder »mir fehlt das Geld«. Spaß haben kann man immer im Leben, mit Kindern oder ohne, trotz Arbeit oder gerade deswegen, und Geld allein hat noch keinem Glück gebracht. Schenke dir selbst jeden Morgen und jeden Abend ein Lächeln, das von Herzen kommt. Erfreue dich an jedem Tag.

Praktische Tipps

- Nimm Kontakt zu alten Freunden auf, rufe sie an, triff dich mit ihnen, und sorge für Abwechslung in deinem Leben. Warte nicht, bis andere dich motivieren, sondern mache du den ersten Schritt.
- Schaue dir im Fernsehen oder Kino lustige Filme an, bei denen du viel lachen kannst. Lasse dich mitreißen, und bremse dich nicht selbst aus.
- Kehre zu Hobbys zurück, die du früher hattest oder gerne gehabt hättest. Mache in der Freizeit Dinge, die dich glücklich machen.
- Beginne einen Kurs an der Volkshochschule, im Sportverein oder in ähnlichen Einrichtungen, der dir Freude bereitet und wo du neue Menschen kennenlernst.
- Lade Freunde auf eine kleine Party oder Feier ein. Dann wirst du auch wieder eingeladen werden.

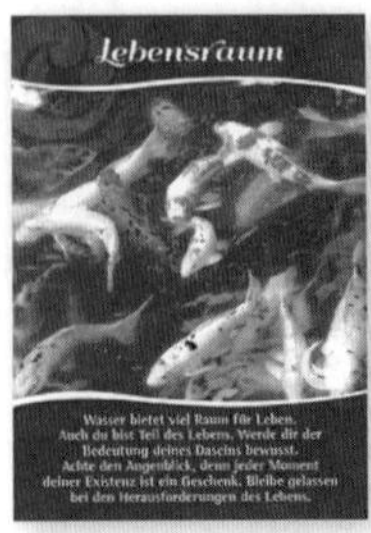

Lebensraum

Wasser bietet viel Raum für Leben. Auch du bist Teil des Lebens. Werde dir der Bedeutung deines Daseins bewusst. Achte den Augenblick, denn jeder Moment deiner Existenz ist ein Geschenk. Bleibe gelassen bei all den Herausforderungen des Lebens.

Seelenaufgabe

Dein Leben ist einzigartig und kostbar. Alles, was in deinem Leben geschieht, passiert auf seelischer Ebene aus einem bestimmten Grund. Alles dient deiner seelischen Entwicklung: Menschliche Begegnungen helfen dir, ein altes Thema loszulassen oder persönlich voranzukommen; Situationen, die dich emotional herausfordern, machen dich reifer und lassen deine Seele wachsen. Im Leben gibt es keine Zufälle. Daher ist es wichtig, dass du alles, was geschieht, annimmst in dem Bewusstsein, dass es dir auf einer höheren Ebene dient. Oft erkennen wir dies erst, wenn wir zurückblicken und nicht mehr emotional in eine Situation verstrickt sind. Jedes menschliche Leben ist ein Geschenk, wichtig und wunderbar. Genieße dein

Leben, wenn es gerade leicht und schön ist. Die vielen kleinen Momente sind ein wichtiger Schatz für uns, wenn wir sie bewusst erleben. Und wenn du gerade in einer emotionalen Herausforderung steckst, dann mache dir bewusst, dass diese vorübergeht. Versuche, zu verstehen, was der Lerneffekt für dich ist, dann gelingt es dir leichter, die Situation anzunehmen. Liebe dein menschliches Leben, denn es ist für jede Seele das größte Geschenk, auf ihrem Entwicklungsweg weiterzugehen.

Praktische Tipps

- Betrachte jeden Abend, was am Tag besonders war. Welche Momente waren schön und gut? Was hast du heute gesehen oder erlebt?
- Wenn du etwas Schönes siehst, z.B. eine blühende Blume am Wegesrand, dann erfreue dich daran. Schaue sie dir genau an, und nimm die Eindrücke tief in dich auf.
- Wenn dich etwas emotional aufregt, dann atme erst einmal tief in den Unterbauch hinein. Lasse den Atem 3–5 Mal langsam und tief herein- und wieder hinausfließen.

- Lenke dich ab, wenn du durch eine schwierige Lebensphase gehst. Mache etwas, was dich vom Grübeln abhält, und sei es, deine Wohnung zu putzen – etwas, wobei du dich konzentrieren musst, aber keine geistige Höchstleistung benötigst.

Lebensweg

Wasser sucht sich in der Natur seinen eigenen Weg. Jeder Mensch auf Erden hat ebenfalls einen ganz eigenen Seelenweg. Lasse dir Ratschläge geben, aber höre auf dein Innerstes, und folge dem Ruf deiner Seele. Kein Weg gleicht dem anderen, und nur du weißt, was richtig für dich ist.

Seelenaufgabe

Es ist wichtig, der eigenen Bestimmung zu folgen. Jede Seele sucht sich ein bestimmtes Leben aus. Sie entscheidet sich für Lernaufgaben, für bestimmte menschliche Erfahrungen und für die Herausforderungen, die sie auf dem eigenen Entwicklungsweg am besten voranbringen. Sie wählt den Ort, an dem sie geboren wird, sucht sich Menschen mit bestimmten Problemen heraus, die ihr als Eltern, Geschwister oder

Großeltern dienen. Sie entscheidet sich für die optimalen Bedingungen, um in ihrer Entwicklung voranzukommen. Das, was dir menschlich herausfordernd oder tragisch erscheint, kann auf seelischer Ebene ein Geschenk sein. Der Weg, der für dich richtig ist, kann für eine andere Seele wiederum völlig verkehrt sein, weil sie andere Lebenserfahrungen benötigt, um zu wachsen. Daher solltest du vor allem deinem inneren Gespür vertrauen, dem Ruf deiner Seele folgen und das tun, was sich für dich stimmig anfühlt. Höre weder auf deinen Verstand noch auf die Ratschläge anderer, denn der seelische Weg wird meist nicht der einfachste und sicherste sein. Doch er ist dein Weg. Alles wird gut, wenn du deine seelische Bestimmung lebst – wenn du dich auf die Herausforderungen einlässt, die dich formen. Deine innere Führung wird dich nie im Stich lassen, auch wenn du vielleicht hin und wieder in die verkehrte Richtung gehst. Folge dem Weg deiner Seele, und du bist bei dir.

Praktische Tipps

- Achte bei Entscheidungen auf deine Gefühle, denn sie sind das Mittel deiner Seele, sich verständlich zu machen. Fühlst du dich belebt, frei und stark, dann ist es das Richtige. Übe dies mit Entscheidungen, die nicht lebensverändernd sind. So lernst du, deinem Instinkt im Alltag zu vertrauen.

- Manchmal stehen Abschiede an, die uns aus unserer Mitte bringen. Der Seelenweg eines anderen Wesens geht dann in eine andere Richtung. Das bedeutet nicht, dass wir eine falsche Entscheidung getroffen hätten. Nimm die Situation als Herausforderung an, denn Abschiede werden ein Leben lang vorkommen, auch wenn du auf deinem Weg bist. Hadere nicht mit deinem Schicksal.
- Höre Ratschläge anderer an, und ziehe dich dann für die Entscheidung zurück. Entscheide für dich allein.

Licht und Schatten

Im Wasser sieht man Licht und Schatten vereint. Genauso ist es im menschlichen Leben, es existieren immer beide Teile eines Ganzen. Die dunklen Augenblicke in deinem Leben tragen ebenfalls Licht in sich, auch wenn du es im Moment noch nicht erkennst. Warte, bis du das Licht erkennst.

Seelenaufgabe

Vieles, was wir als negativ empfinden, dient uns auf einer höheren seelischen Ebene. Aus menschlicher Sicht sehen wir oft nur Weiß oder Schwarz, doch es liegen jede Menge Grautöne dazwischen. Wir brauchen den Kontrast, um Dinge erkennen zu können. Auch das Negative können wir nur sehen, wenn wir das Positive kennen. Licht nehmen wir wahr, weil wir die Dunkelheit, den Schatten gesehen haben. Beide Hälften bilden immer ein Ganzes. Wir werden niemals Licht ohne Schatten sehen, und ohne unangenehme Phasen können wir auch die schönen Ereignisse nicht als solche erkennen. Daher ist es verkehrt, einen Teil abzulehnen, nur weil wir ihn aus menschlicher Sicht nicht verstehen oder Angst vor dem Ungewissen haben. In jedem menschlichen Leben existieren beide Seiten: die angenehmen und die, die man lieber vermeiden möchte. Nimm beide als Teil deines Lebens an. Sträube dich nicht gegen die Schatten, denn sonst hältst du energetisch daran fest. Sieh alles, was anstrengend ist, als Herausforderung und nicht als Strafe. Es dient dem Wachstum und der Entwicklung deiner Seele, auch wenn diese Perspektive in der jeweiligen Situation schwer einzunehmen ist. Wachse an allen Hürden, die du genommen hast.

Praktische Tipps

- Zünde eine Kerze an, und stelle dich damit ins strahlende Sonnenlicht. Merkst du, dass du die Flamme kaum erkennen kannst? Nun gehe mit der Kerze in einen geschlossenen, dunklen Raum. Nun erst erkennst du die Flamme als Licht.
- Betrachte Schwierigkeiten in deiner Vergangenheit, die dir nicht mehr zu schaffen machen. Notiere alles Positive, das sich daraus ergeben hat. Wie hast du dich seitdem verändert, welche Stärken hast du gezeigt oder dadurch entwickelt?
- Versuche, die meiste Zeit im Hier und Jetzt zu leben, anstatt über Vergangenes zu grübeln. Durch

das Erinnern verändert sich nichts, du verlierst nur Energie und hältst den Schmerz länger am Leben.

- Führe ein Heilungs- oder Abschlussritual durch, um dich von der Vergangenheit zu lösen. Schreibe dir alles von der Seele, was dich noch beschäftigt, und übergib es danach einem Fluss oder einem Feuer.

Licht und Wärme

Wasser speichert Licht und Wärme. Sei auch du ein Speicher für Licht und Wärme. Erhelle die Welt durch dein inneres Leuchten, und verbreite die Liebe mit deinem Herzen. So, wie du dich nach Liebe sehnst, geht es allem Lebendigen. Werde zur heilenden Quelle für deine Umgebung und dich selbst.

Seelenaufgabe

Du trägst das Licht der Liebe in dir. Öffne dich dem Leben und der Liebe. Befreie dich von allem, was dich in die Dunkelheit zieht. Die Welt, in der wir leben, ist kein dunkler Ort. Manchmal sehen wir das Licht bloß nicht. Doch die Liebe des Lebens ist immer ein Teil von dir, der dich begleitet, beschützt und umgibt. Befreie dich vom Schatten anderer, indem du erkennst, wer du wirklich und wahrhaftig bist, und das Licht in dir lodern und brennen lässt. Es bringt die Wärme in dein Innerstes zurück. Alte Schatten hast du von deinen Ahnen übernommen, die es nicht schafften, das Licht der Liebe in sich zu entfachen, bevor es Zeit war, weiterzugehen. Doch sie gehören nicht zu dir; du darfst die Quelle des Lichts sein. Du darfst allen Menschen Wärme und Liebe bringen. Der erste Mensch, dem du dieses wertvolle Geschenk überreichen kannst, bist du selbst. Stehe zu dir und dem, was du bist. Auch wenn du in der Vergangenheit Fehler gemacht hast, verzeihe dir nun, und bringe das Licht zurück in dein Leben. Wir alle sind hier, um zu lernen, dass das Glück immer Teil unseres Lebens ist. Die Freude des Lebens begleitet uns in jedem Augenblick. Wir werden von allen Lebewesen geliebt. Schenke der Welt deine Liebe, denn sie vermag, Schmerz, Leid, Angst, Trauer und Krieg in eine heilende Kraft zu verwandeln.

Praktische Tipps

- Übe dich in dem Gefühl der Dankbarkeit. Mache eine List aller Dinge und Gegebenheiten, für die du dankbar bist. Fühle bewusst 2 Mal am Tag Dankbarkeit.

- Schaue dir gezielt Fotos von Tierbabys an, und lasse das Gefühl der Liebe dabei fließen.
- Stelle dich vor einen Spiegel, und übe dich im Verlieben. Flirte mit deinem Spiegelbild, lächle es an, und zeige dich von deiner charmantesten Seite. Zeige dir selbst, wie liebenswert du bist.
- Gehe viel nach draußen in den Sonnenschein, und genieße die Schönheit der Natur, sooft es geht. Auch du bist Teil davon – schön und liebenswert.

Mut

Um das tiefe Wasser zu betreten, bedarf es Mut. Finde deinen Mut, um im Leben voranzuschreiten. Lasse dich von deinem Instinkt leiten, denn er ist deine Seele, die zu dir spricht. Ob dein Projekt gelingen kann, wirst du nur erfahren, wenn du es versuchst. Wer etwas riskiert, kann gewinnen.

Seelenaufgabe

Im Leben gibt es immer wieder Situationen, die Mut von uns erfordern – den Mut, neue Wege zu gehen.

Das Vertraute gibt uns Sicherheit, doch um voranzukommen, müssen wir es manchmal aufgeben. Habe die Zuversicht, dass du mit allen Herausforderungen auf deinem Weg umgehen kannst. Betritt mutig unbekanntes Terrain. Im Moment stehst du an einem Scheidepunkt und darfst selbst entscheiden, wie es mit dir und deinem Leben weitergeht: Bleibst du stehen, wird sich nichts ändern. Gehst du zurück und suchst die Sicherheit, zieht das wahrhaftige Leben an dir vorbei. Gehst du aber mutigen Schrittes weiter, dann werden sich dir neue Möglichkeiten offenbaren. Vieles, was dich festgehalten, was dich blockiert hat, wird sich dadurch lösen. Du wirst dich frei und gestärkt fühlen. Es ist Zeit, sich von falschen Ängsten zu lösen, denn dir kann nichts Schlimmes passieren, wenn du deiner Bestimmung folgst. Wenn du in deiner Vergangenheit einmal gestolpert bist, obwohl du mutig warst, bedeutet das nicht, dass du in einer Sackgasse steckst. Jedes Kind, das laufen lernt, stolpert, fällt hin und macht dann mutig den nächsten Schritt – bis es laufen kann. Wachse an deinen Misserfolgen, sieh sie als Chance zum Lernen, und gehe in deinem Leben mutig voran. Wenn du etwas wirklich willst, wird es gelingen.

Praktische Tipps

- Betrachte das Leben der Menschen, mit denen du aufgewachsen bist. Haben sie dir den Mut vermittelt, neue Wege zu gehen? Oder haben sie dir ihre Ängste übertragen und das Sicherheitsbedürfnis über alles gestellt? Welche Sätze hast du in Bezug auf deinen kindlichen Tatendrang zu hören bekommen? Aufmunternde oder bremsende? Erkenne, dass du vieles übernommen hast und in einem anderen Umfeld anders agiert hättest.
- Blende bei wichtigen Entscheidungen deine Angst aus, indem du dich aus der Situation nimmst. Was würdest du einem guten Freund in dieser Lage raten, dessen Herz angesichts der neuen Möglichkeiten aufgeht und dessen Augen vor Freude leuchten?
- Nimm alles Neue ohne Erwartungen an.

Neue Wege

Wasser landet an neuen Ufern. Im Laufe des Lebens dürfen wir immer wieder Neues erleben und anderen Wegen folgen. Lasse dich auf das Neue in deinem Leben ein, und habe das Vertrauen, dass es genau richtig für dich ist. Alles wird gut, wenn du immer deinem Weg folgst.

Seelenaufgabe

Etwas Neues bahnt sich in deinem Leben an: eine neue Aufgabe, eine neue Situation, eine neue Herausforderung. Was du kennst und dir vertraut ist, muss nicht immer richtig für dich sein. Öffne dich dem, was auf dich zukommt, denn es ist nun Zeit, weiterzugehen. Alles ändert sich im Laufe deines Lebens, das macht es spannend. Gehe mit offenem Herzen voran, habe den Mut, neue Wege zu erkunden, und bewahre dir die kindliche Neugier, mit der alles Neue spannend ist und du einfach drauflosläufst. Vielleicht haben dich als Kind deine Eltern oder andere gebremst, dir Angst und Sorgen eingeredet, weil sie selbst unsicher und zögerlich waren. Doch Neues bringt immer Schwung und gute Energie ins Leben, wenn du dich darauf einlässt. Niemand kann dir deine Vergangenheit, die Erfahrungen, die du gemacht hast, nehmen. All das Wissen trägst du in dir. Sieh jeden Neubeginn als Chance. Er ist die Möglichkeit, noch glücklicher zu werden, anderen Menschen zu begegnen, die dich auf deinem ganz persönlichen Weg fördern, zu zeigen, welches Potenzial in dir steckt. Habe keine Angst oder Bedenken, verliere deine Furcht, denn alles, was passiert, ist vorherbestimmt. Du gehst deinen Lebensweg, ganz gleich, welche Hürden und Hindernisse dir begegnen – sie alle bringen dich voran und geleiten dich zu deinem Seelenglück. Vertraue dir selbst. Du kannst alles schaffen, denn du bist eine unbesiegbare Seele.

Praktische Tipps

- Reflektiere, was dich in einer alten Situation festhält. Was hindert dich daran, ganz du selbst zu sein? Erkenne, ob eine Veränderung notwendig ist, indem du alles aus objektiver Sicht betrachtest.
- Führe ein Abschiedsritual durch. Bedanke dich für alles, was gut war. Sieh es als Schatz, den du mit dir nimmst. Danach blicke nach vorn.

- Beruhige dein inneres Kind, das nervös und aufgeregt ist. Sprich mit ihm, und nimm es mit deiner Erfahrung an die Hand.
- Vergib den Menschen, die dich verletzt haben, indem sie dich vor vollendete Tatsachen stellten.

Partnerschaft

Auf dem Wasser finden sich Paare, so wie an Land. Wie sieht es in deiner Partnerschaft aus? Begegne deinem Partner auf gleicher Ebene, stelle keine Ansprüche an ihn, und schenke ihm bedingungslose Liebe. Oder klappt es momentan mit keinem Partner? Heile dich selbst, dann lieben dich auch die anderen.

Seelenaufgabe

Partnerschaft ist im Moment ein wichtiges Thema für dich. Du wünschst dir Halt in deinem Leben und eine Liebe, die dich trägt. Möglicherweise fühlst du dich einsam und unverstanden. Vielleicht bist du auch in einer Beziehung, aber im Moment klappt es mit der Partnerschaft nicht so gut. Partnerschaftsprobleme spiegeln sich immer in dir. Es ist wichtig, dass du zuerst dein wahres Selbst erkennst. Wenn du weißt, wer du bist und was du für dich selbst bedeutest, erkennst du auch die Liebe für dich selbst. Alles, was du in einem Partner suchst, findest du in dir, wenn du in deiner seelischen Mitte bist. Kein Partner kann dich aufrichten, wenn du dich selbst erniedrigst. Niemand kann dich ganz werden lassen, wenn du die Teile deines Selbst nicht zusammenfügst. Kein Partner kann dich wahrhaftig lieben, wenn du deinen Wert nicht erkennst. Niemand kann dich achten, wenn du dich nicht selbst beachtest. Löse dich von der Vorstellung einer idealen Partnerschaft, und begib dich auf die Suche nach deinem Selbst. Liebe dich so, wie du dich im Spiegel des Lebens siehst. Heile deinen Geist, achte deinen Körper, und beglücke deine Seele, dann lebst du kohärent – im Einklang mit dir. Der wichtigste Partner für dich bist du selbst.

Praktische Tipps

- Alles, was dich an deinem Partner stört, ist der Gegenpol zu dir. Gemeinsam solltet ihr euch aufeinander zubewegen. Ist dein Partner z. B. sehr dominant, bist du zu unterwürfig. Gehe ihm entgegen, und arbeite an deinem Verhalten. Denn deinen Partner kannst du nicht ändern.

- Wenn es bislang mit keiner Partnerschaft längerfristig geklappt hat, dann betrachte alle deine Partner mit ihren Eigenschaften. Fertige eine Tabelle an, und suche nach Übereinstimmungen. Danach betrachtest du Personen aus deiner Kindheit oder Vergangenheit. Wer kommt deinen Partnern charakterlich am nächsten? Wenn es jemand ist, mit dem du einen Konflikt hast, solltest du diesen zuerst lösen, um innerlich frei zu werden.
- Löse dich, wenn du solo bist, für die nächsten drei Monate von allen Erwartungen an eine Partnerschaft. Arbeite an deinem Selbst, und lasse das Thema komplett los. Ändere dein Verhalten, besuche andere Orte, triff dich mit anderen Menschen – und sei offen für alles, was kommt.

Reinigung

Wasser dient der Reinigung. Reinige deinen Körper, deinen Geist und deine Seele. Denn erst, wenn du klar und rein bist, kann Neues entstehen. Werde dir deiner täglichen Gedanken bewusst, denn sie bilden deinen Geist. Folge dem Sehnen deiner Seele.

Seelenaufgabe

Es ist Zeit, Altes durch Neues zu ersetzen. Lerne, dich regelmäßig energetisch zu reinigen, um Platz in deinem Leben zu schaffen. Das einzig Beständige im Leben ist die Veränderung, und alles, was dir begegnet, ist richtig für dich. Halte nicht an eingefahrenen Gewohnheiten fest, sondern sei so flexibel wie das Wasser. Lasse alles hinter dir, was nicht zu dir gehört, was du von anderen übernommen hast. Werde dir bewusst, dass du immer wieder neue Wege gehen darfst, dich in bisher fremde Richtungen bewegen kannst. Bringe deinen Körper, deinen Geist und deine Seele in Einklang, sodass alle drei Bereiche deines Selbst gleich stark sind. Löse dich von Erwartungen, die von deinem Verstand gebildet wurden und die dich in deinem Leben aufhalten. Sei eine reine Seele, die auf ihrem Seelenweg vorangeht. Reinige deinen Körper von Giftstoffen, von toten Zellen und allem, was er nicht braucht. Schenke deinem Organismus Kraft und neue Energie durch gesunde Ernährung, viel Wasser und eine Vitalstoffkur. Belebe deinen Geist, indem du dir täglich wiederkehrender Gedanken bewusst wirst. Unterstützen sie dich in deinem Sein, oder bringen sie dich aus dem seelischen Gleichgewicht? Reinige und heile dich selbst, damit du gute Energie in dir spürst und gesund und vital deine Lebensaufgaben meistern kannst.

Praktische Tipps

- Schenke dir ein reinigendes Bad, einen Wellness-Saunatag oder eine angenehme Ganzkörpermassage.
- Gehe viel in die freie Natur, und spüre sie mit allen deinen Sinnen.
- Verwandle tief verwurzelte, dich kleinhaltende Glaubenssätze in aufbauende Worte.
- Unterstütze deinen Körper, indem du täglich 3 Liter Quellwasser, viel Obst und Gemüse und wenig oder kein Fleisch zu dir nimmst.

- Mache eine dreimonatige Kur mit einem Multivitamin, Selen, Zink, Vitamin D und, wenn du über 40 Jahre alt bist, auch mit Coenzym Q10 (achte dabei auf eine hohe Qualität der Produkte).
- Tue etwas für deine Seele: ein neues Hobby, einen Theaterbesuch, einen tollen Kinofilm oder was immer dir guttut.

Reisen

Es gibt viele schöne Urlaubsziele am Wasser. Tauche in fremde Welten ein, um dem Alltag zu entfliehen. Lies ein Buch, schaue einen Film an, mache Ausflüge in die Natur, und lasse deiner Fantasie freien Lauf. Schalte ab, und gib deiner inneren Freiheit Raum. Betritt die Welt, die in dir steckt.

Seelenaufgabe

Sorge für Abwechslung in deinem Leben, indem du aus der täglichen Routine ausbrichst. Dein Körper, dein Geist und deine Seele brauchen regelmäßig Urlaub. Entfliehe jeden Tag für eine gewisse Zeit allem, was dich blockiert, was dich in deinem Sein bremst.

Suche das Abenteuer in dir selbst, denn du steckst voller Wunder und Überraschungen. Rege deine Fantasie an, fördere deine Kreativität, und lasse ihr freien Lauf. Vielleicht, indem du malst, zeichnest, musizierst, singst, textest, schreibst oder etwas anderes Wundervolles erschaffst. Dir sind keinerlei Grenzen gesetzt, wenn du das innere Wunder zulässt. Lasse dich von den Farben und Formen der Natur inspirieren. Jeder Mensch besitzt eine Gabe, vielleicht hast du sie bisher bloß unterdrückt, dich nicht getraut, sie wahrhaftig auszuleben. Befreie das Wunder, damit es wächst. Folge deinen Träumen – den nächtlichen oder den Tagträumen. Etwas möchte sich durch dich ausdrücken, möchte leben. Erschaffe es, denn du bist ein Schöpfer. Wenn du noch unsicher bist, was du erschaffen sollst, dann meditiere oder schreibe eine Zeit lang deine nächtlichen Träume auf. Wichtig ist, dass du deinem Inneren zuhörst. Dadurch wirst du mehr Kraft, Energie und Selbstbewusstsein bekommen und dein Leben mehr lieben, glücklicher und zufriedener sein.

Praktische Tipps

- Integriere Inseln der Fantasie in deinen Alltag. Du kannst etwas Kreatives tun oder dich inspirieren lassen durch spannende, fantasievolle Bücher und Filme.

- Suche nicht nach dem, was du erschaffen könntest, sondern höre in dich hinein. Etwas wartet bereits darauf, gelebt oder belebt zu werden. Mache eine kurze Meditation. Danach stellst du dir selbst die Frage: »Was würde ich gern aus meinem Inneren heraus tun?« Schreibe, ohne darüber nachzudenken, spontan auf, was sich meldet. Erst wenn du fertig geschrieben hast, liest du deine Antwort.
- Gib deiner Fantasie Anregungen, indem du unbekannte Welten besuchst. Das kann ein besonderes Museum sein, ein Ausflug in ein tolles Naturgebiet, eine Reise in ein exotisches Land oder auch nur ein Bildband über ferne Welten.

Schutz

Wasser bietet Schutz vor Störungen. Ziehe dich vor ungerechten Angriffen zurück, denn du bist wertvoll und darfst dich selbst schützen. Lerne, Grenzen zu setzen, Nein zu sagen und deine eigenen Bedürfnisse zu achten. Schenke dir selbst die Liebe, die du dir wünschst.

Seelenaufgabe

Es ist wichtig, dass du dich selbst achtest, dass du deinen eigenen Wert erkennst. Jeder Mensch hat Respekt verdient. Und die erste Person, die ihn dir entgegenbringen sollte, bist du selbst. Lasse nicht zu, dass andere auf dir herumtrampeln und tief in dir Trauer und Schmerz verursachen. Erhebe dich, und zeige der Welt, dass du für dich selbst einstehst. Wenn jemand in der Vergangenheit deine Bedürfnisse missachtet hat oder dies noch heute tut, darfst du ihn jetzt in seine Schranken weisen. Mache dich groß, und erkenne deinen eigenen Wert. Du hast das Recht, geachtet zu werden. Du darfst dich schützen, dich verteidigen und deine Meinung äußern. Entscheide selbst, was richtig für dich ist, und kommuniziere das auch. Das mag vielleicht nicht allen Menschen in deiner Umgebung gefallen, doch wahre Liebe stellt keine Bedingungen, sie respektiert andere Meinungen und ist offen und frei. Menschen, die dich nur lieben, solange du dich für sie änderst, sind selbst vom Seelenweg abgekommen. Du darfst endlich sein, was du wahrhaftig bist. Entferne alles, was nicht zu dir gehört, und entzünde dein Seelenlicht. Habe keine Angst vor Liebesentzug, denn die wahre Liebe trägt dich immer durchs Leben.

Praktische Tipps

- Übe, Nein zu sagen, speziell Menschen gegenüber, die deine Wünsche nicht respektieren. Verwende keine Worte, die man auch als ein Ja interpretieren kann, wie »vielleicht«, »ich denke darüber nach«, »ich schau einmal« ... Wenn du nicht auf Anhieb ein Nein herausbekommst, dann sage zumindest: »Ich melde mich in 30 Minuten, da ich meine Termine nicht auswendig weiß.« So verschaffst du dir Zeit und kannst dir Argumente überlegen.
- Überlege in Ruhe, was du tun möchtest und was dir nicht gefällt. Notiere deine Grenzen, und lerne Schritt für Schritt, sie einzuhalten.

- Erwarte keine Liebe, keine Anerkennung von anderen. Dann hast du auch nichts zu verlieren. Schenke dir selbst die Achtung, die jeder Mensch braucht. Ein Nein zum anderen ist ein Ja zu dir selbst, wenn es um etwas geht, was dir nicht behagt.

Sehnsucht

Das Meer bietet uns die Möglichkeit, neue Welten zu entdecken. Wonach sehnst du dich? Stille das tiefe Verlangen in deinem Herzen, und schenke deiner Seele Erfüllung. Gönne dir selbst, wonach du dich verzehrst. Jetzt ist es Zeit, dem Sehnen nachzugeben.

Seelenaufgabe

Spürst du in dir eine Sehnsucht nach etwas Bestimmtem, oder kannst du es noch nicht benennen? Fühlst du dich im Moment nicht vollständig? Fehlt etwas zu deinem Glück? Das, was du tief in dir ersehnst, wünscht sich deine Seele. Sie braucht es, um auf ihrem Seelenweg weiterzugehen. Begib dich auf die Suche danach, falls du es noch nicht erfassen kannst. Wenn du dem Drängen deiner Seele nachgibst, wirst du eine innere Zufriedenheit spüren. Schalte dabei deinen Verstand aus, der dir vielleicht einzureden versucht, dass dein Sehnen unerfüllbar ist. Was dich am Erreichen deines Glücks hindert, sind nur deine Ängste und Unsicherheiten. Doch diese Blockaden stammen aus der Vergangenheit und haben nichts mit der gegenwärtigen Situation zu tun. Folge dem Ruf deiner Seele, auch wenn der Weg lang erscheint. Wichtig ist, dass du dich für ihn entscheidest und Schritt für Schritt in die neue Richtung gehst. Zeige deiner Seele, dass du ihren Ruf vernommen hast, und vieles wird sich von selbst lösen. Triff nun Entscheidungen, und warte nicht ab, bis sich die Gelegenheiten ergeben. Es bedarf deines Zutuns, deiner energetischen Fokussierung und deines ersten Schrittes auf deinem neuen Lebensweg. Denke immer daran, dass nur du wirklich wissen kannst, was für dich persönlich richtig ist. Vertraue deinem Gespür, und du wirst deinen Weg finden.

Praktische Tipps

- Wenn es dir schwerfällt, herauszufinden, wonach du dich sehnst, achte auf Zeichen deiner Seele: Was fällt dir immer wieder auf? Was begegnet dir häufig im Alltag? Wenn du beispielsweise vermehrt

Pärchen siehst, die sich umarmen, kann das ein Zeichen dafür sein, dass du unterbewusst eine Partnerschaft suchst oder dich in deiner Beziehung nach mehr Liebe sehnst.

- Nimm dir Zeit für dich, und reflektiere dein derzeitiges Leben. In welchen Bereichen fühlst du dich gut und zufrieden, und wo hättest du gern Veränderungen?
- Zögere nicht, sondern entscheide dich aus dem Bauch heraus. Übe dies mit kleinen, unwichtigen Entscheidungen, um Selbstsicherheit zu bekommen.

Selbstständigkeit

Wasser bietet Raum für das Alleinsein. Manchmal ist es wichtig, sich zurückzuziehen und für sich zu sein. Lerne, selbstständig zu sein und deinen eigenen Entscheidungen zu vertrauen. Unternimm etwas allein, nur für dich. Äußere deine Wünsche, und vertraue auf deine Fähigkeiten.

Seelenaufgabe

Bisher hast du wahrscheinlich zu viel auf andere vertraut, anstatt deine eigenen Wege zu gehen. Du darfst jetzt die Führung übernehmen. Vielleicht bist du gerade in einem bestimmten Bereich deines Lebens erstmals auf dich allein gestellt, und es fällt dir noch schwer, selbst zu entscheiden. Habe das Vertrauen, dass du keine Hilfe brauchst, um neue Wege zu gehen und Entscheidungen zu treffen. Lasse dich von deiner Seele führen, dann wirst du auch in neuen Situationen nicht unsicher sein. Die Eigenständigkeit mag sich eigenartig anfühlen, aber sie birgt die Chance, zu dir selbst zu stehen. Habe keine Furcht vor dem Alleinsein, denn du bist immer mit allem verbunden. Um die Verbindung zu deiner Seele, deinem höheren Selbst, noch besser zu spüren, hat sie scheinbar die Verbindungen im Außen gekappt. Höre daher in nächster Zeit verstärkt in dich hinein. Nutze die Möglichkeit, dich selbst besser kennenzulernen. Du wirst nicht ewig allein bleiben, doch im Moment ist es wichtig für dich, dich selbst zu spüren. Nimm die neue Situation als Herausforderung an, und gewinne Kraft aus der Erfahrung, dass dein Leben auch so weitergeht. Finde die Klarheit, die du brauchst, und eine neue Lebenstür wird aufgehen.

Praktische Tipps

- Wenn du dir bisher sämtliche Entscheidungen hast abnehmen lassen, dann übe dich darin, mehr selbst zu bestimmen. Gehe allein einkaufen, ohne jemanden um Rat oder Hilfe zu bitten.
- Suche dir ein Hobby, das du allein ausführst, oder einen Kurs, den du allein besuchst. Gehe allein in ein Café, ein Restaurant, das Schwimmbad, die Sauna, das Kino oder Theater. Tu so, als wäre das ganz normal für dich, und beobachte selbstbewusst die Menschen um dich herum. Du bist bestimmt nicht der Einzige, der allein da ist.

- Nutze die gewonnene Freizeit, um dich um deine Wünsche und Bedürfnisse zu kümmern, die in der Vergangenheit bestimmt ab und zu untergegangen sind. Sorge für positive Veränderungen in deinem Leben, und hadere nicht mit deinem Schicksal.

Sicherheit

Wasser ist lebensnotwendig. Wenn du genügend hast, bietet es Sicherheit. Dennoch kann etwas Unvorhersehbares im Leben passieren. Spüre die Sicherheit, die deine ewig lebende Seele dir schenkt, und verliere deine Ängste. Deine Seele ist unveränderlich und kann nicht verletzt werden.

Seelenaufgabe

Im Laufe unseres Lebens haben wir viele Herausforderungen zu bestehen und dürfen an diesen Aufgaben wachsen. Immer wieder treten Ereignisse ein, die uns im ersten Moment verunsichern, uns zum Schwanken bringen oder uns auch von Grund auf erschüttern. Sie scheinen ein Angriff auf unser Selbst zu sein, zu stark, um selbstsicher damit umzugehen. Doch das Taumeln dient der Veränderung, es dient deinem Wachstum, denn es wirft dich aus festgefahrenen Bahnen. Kein Angriff kann deiner Seele etwas anhaben, also glaube weiterhin an dich und dein Leben. Löse dich von der Vorstellung, es gebe den einen richtigen Weg, denn deine Seele kennt viele Wege und weiß immer, wie es im Leben weitergeht. Wenn du Vertrauen in eine höhere Instanz hast, dann weißt du, dass alles Irdische einem steten Wandel unterworfen ist, während deine Seele ewig ist. In diesem Bewusstsein nimmst du die Dinge so an, wie sie geschehen. Du hast bereits existiert, lange bevor du als Mensch geboren wurdest, und du wirst auch noch sein, lange nachdem du wieder aus diesem Leben getreten bist. Löse dich von deinen Vorstellungen davon, wie dein Leben verlaufen muss, um glücklich zu sein. Das Glück liegt in deiner Seele und ist stets bei dir, wenn du die Verbindung zu deinem höheren Selbst spürst.

Praktische Tipps

- Beschäftige dich mit dem Thema »Tod«, auch wenn es in deinem Umkreis derzeit keinen Trauerfall gibt. Nur, wer dem Tod mutig ins Auge blickt, weiß, was wahres Leben bedeutet.

- Versuche, im Augenblick zu leben, und schalte Gedanken an die Vergangenheit und die Zukunft immer wieder ab. Je präsenter, je konzentrierter auf das Hier und Jetzt du lebst, desto weniger Angst wirst du verspüren.
- Wenn du Ängste verspürst, dann lenke deinen Geist ab. Beschäftige ihn mit irgendetwas, aber bleibe nicht mit der Angst allein. Suche dir eine einfache Aufgabe, die du bewältigen kannst, wie den Fußboden fegen, das Auto waschen, saugen oder was immer dich ablenkt. Gehe bewusst mit einer Aktion aus dem Angstgefühl hinaus. Vielleicht lenkt dich auch das Singen eines Liedes ab oder das Texten eines Gedichtes – Hauptsache, du tust aktiv etwas.

Spiegelung

Im Wasser spiegelt sich die Umgebung. Betrachte deine Außenwelt, denn sie spiegelt dein Innerstes wider. Alles, was dich im Außen emotional berührt, möchte in deinem Inneren angesehen und geheilt werden. Erlöse deine Seelenthemen, indem du ihre Spiegelung erkennst.

Seelenaufgabe

Wie innen, so außen: Alles, was dich innerlich beschäftigt, zeigt sich in deiner Außenwelt. Jede Eigenschaft, die dich an anderen Menschen stört, erinnert dich an ein Thema tief in dir. Deine Mitmenschen, deine Umgebung und dein Leben zeigen dir ganz genau, wie es in deinem Inneren aussieht. Wenn beispielsweise deine Wohnung unaufgeräumt ist, dann herrscht auch Chaos in deinem Geist. Wenn es dir schwerfällt, Ereignisse loszulassen, und du immer wieder in der Vergangenheit festhängst, dann kannst du dieses Problem lösen, indem du es im Außen angehst. Entrümple einfach ein Zimmer, einen Schrank oder den Keller, denn das wird auch innerlich zu Ordnung und der Bereitschaft führen, loszulassen.

Alles, was dich eventuell an deinem Leben stört, ist eine Chance für dich, seelisch weiterzukommen. Nichts im Leben passiert einfach so, und wenn dich ein bestimmter Mensch emotional besonders belastet, dann überlege dir, welche deiner schwierigen Eigenschaften er dir spiegeln könnte. Was kannst du aus der Situation seelisch lernen? Suche nach Parallelen zu anderen Menschen in deiner Vergangenheit. Erkennst du eine Gemeinsamkeit? Oft sind Charakterzüge, die uns an anderen stören, Verhaltensweisen, die wir an uns ändern wollen. Wenn du z.B. neidische Menschen nicht magst, dann überdenke, ob du nicht auch neidisch auf etwas bist. Das Leben schickt dir so lange dieselbe Herausforderung, bis du sie gemeistert hast. Blicke in den Spiegel deines Lebens, und erkenne dich selbst!

Praktischer Tipp

- Notiere alles, was dich im Außen stört, was dich belastet und blockiert. Was würdest du gern ändern?
- Woran erinnert es dich? Suche Parallelen in deiner Vergangenheit. An welchen Menschen erinnert dich derjenige, der dich scheinbar an deinem Seelenglück hindert? Wer ist die Ursprungsgestalt, was die Ausgangssituation?

- Arbeite innerlich an deiner Aufgabe, oder löse das Problem äußerlich durch eine symbolische Handlung, z. B., indem du aufräumst.
- Beobachte dich selbst bewusst, und lobe dich, wenn du beim nächsten Mal anders reagierst.

Stabile Basis

Meer, See und Fluss haben einen festen Untergrund. Sorge auch du für eine gute Basis in deinem Leben. Verankere dich bewusst durch Vertrauen, Liebe zu dir selbst und innere Zufriedenheit. Dann kann dein Leben frei fließen.

Seelenaufgabe

Im Leben ist die Basis entscheidend, denn auf ihr baut alles auf. Nur, wenn du stabil auf der Erde stehst und gut verankert bist, trotzt du Wind und Sturm. Manche Menschen bekommen solch eine stabile Basis zu Beginn ihres Lebens geschenkt, andere müssen sie sich später selbst aufbauen. Wie fest stehst du in deinem Leben? Fühlst du dich selbstbewusst, voller Urvertrauen und geborgen? Hast du eine gute Verbindung zu Mutter Natur und zu unserer Erde? Sorge für gute Wurzeln in deinem Dasein. Lasse dich auch nicht von der Spiritualität in höhere Sphären führen, ohne dich im Irdischen zu verankern. Lebe bewusst dein Menschsein, und beschäftige dich in der nächsten Zeit mehr mit den weltlichen Dingen. Wichtig ist nun das Augenmerk auf das Materielle. Vielleicht hast du es in letzter Zeit mit der Feinstofflichkeit übertrieben und dem Bereich der Engel, Lichtwesen, Spirits, Einhörner oder Feen mehr Bedeutung gegeben als deinem körperlichen Leben. Du bist hier auf Erden, um das Menschsein zu erfahren mit allen seinen Höhen und Tiefen. Schenke diesem Bereich deines Daseins mehr Beachtung. Kümmere dich um die Umwelt, die Natur, die Menschen in deinem Leben oder Tiere, die unter deinem Schutz stehen. Mache praktische Dinge, arbeite mit Holz, mit Ton, mit Erde, oder fotografiere, zeichne, male die Natur. Gehe viel hinaus, und verbinde dich mit der Erde. Du bist Körper, Geist und Seele, doch im Moment ist es das Körperliche, was dich weiterbringt. Alles andere darf jetzt ruhen.

Praktische Tipps

- Arbeite im Garten mit Erde, Steinen oder auch mit Wasser, um dich zu erden.

- Wende dich den weltlichen Problemen zu, die du vielleicht vernachlässigt hast: Wohnung aufräumen, Unterlagen sortieren, offene Rechnungen bezahlen, Aufgaben planen ...
- Übe jeden Tag selbstbewusstes Auftreten vor dem Spiegel, bis du dich sicherer fühlst.
- Höre auf, von einem spirituellen Seminar zum nächsten zu laufen, sondern arbeite an einem Thema, und gehe dabei wirklich in die Tiefe.
- Bleibe bei einer einmal gefällten Entscheidung, und werde nicht wieder unsicher. Überlege lieber vorher in Ruhe.

Tiefe Kräfte

Unter der Wasseroberfläche schlummern verborgene Kräfte. Auch tief in dir steckt eine enorme Stärke. Vertraue auf diese innere Kraft, und gib ihr den Raum, sich zu entfalten. Wenn du an dich selbst glaubst, dann ist alles möglich.

Seelenaufgabe

Du bist eine starke und kraftvolle Seele. Manchmal vergisst du das vielleicht, weil vergangene Ereignisse dich haben glauben lassen, dass du Hilfe benötigst. Doch dem ist nicht so. Habe Vertrauen in dich selbst. Glaube an dich, denn du bist wunderbar, stark und stabiler, als du glaubst. Gehe auf Entdeckungsreise tief in dir; dort findest du deine seelische Kraft. Hattest du sie aus deinem Bewusstsein verdrängt? Glaube mir, diese unbändige Kraft ist in dir verankert und wartet darauf, sich zu zeigen. Habe keine Angst, zu versagen, befreie dich von aller Unsicherheit. Du bist hier auf Erden, um deine Herausforderungen zu bestehen. Mit jeder Hürde, die du genommen hast, wurdest du kraftvoller, sicherer und stärker. Nichts und niemand kann dir etwas anhaben, wenn du es

nicht zulässt. Glaube an die Kraft in dir, denn sie entspringt deiner Seele.
Lerne, auf eigenen Füßen zu stehen, anstatt dich stützen zu lassen. Triff Entscheidungen selbst, die wichtig für dich sind. Befreie dich von Angewohnheiten, von alten Blockaden und Ängsten. Niemand kann dich aus dem Gleichgewicht bringen, wenn du in deiner Mitte bleibst. Kein Ereignis kann dich in deinem Selbst stören, solange du es als außerhalb deines Seins wahrnimmst. Du bist und bleibst eine unsterbliche Seele, ganz egal, was in deinem Leben passiert – du meisterst jede Herausforderung, die sich dir stellt.

Praktische Tipps

- Triff Entscheidungen selbst. Beginne mit solchen, die nicht allzu relevant sind, z.B. welches Essen du im Restaurant bestellst, welche Kleidung du zu einem Event anziehst.
- Löse dich aus Abhängigkeiten von anderen. Plane einen Abend nur für dich oder einen Ausflug, eine Reise ohne Partner oder Freunde.
- Übe eine aufrechte, starke Haltung vor dem Spiegel. Mache dich dafür groß, Schultern zurück, Kopf hoch.

- Sprich mit fester Stimme. Übe auch dies immer wieder allein.
- Schaue deinem Gegenüber in die Augen, und wende den Blick nicht ab. Übe dich im Blickkontakthalten.

Treiben lassen

Holz treibt gern im Wasser und strandet irgendwo. Lasse auch du dich öfter treiben, und plane weniger. Wenn du loslässt, dann wird dich das Leben führen. Habe Vertrauen in deine Seele, sie kennt deinen Lebensplan und zeigt dir den richtigen Weg.

Seelenaufgabe

Du bist hier auf Erden, um deiner seelischen Bestimmung zu folgen. Nicht alles, was du dir als Mensch vornimmst, gehört zu deinem Seelenplan, daher werden in deinem Leben immer wieder unvorhergesehene Rückschläge vorkommen. Doch du bist Teil von etwas Größerem, Teil des endlosen Lebens. Habe das Vertrauen, dass du jederzeit aufgefangen wirst, dass dir nichts und niemand etwas anhaben kann, wenn du dir deiner ewigen Seele bewusst bist. Du warst schon lange vor deiner menschlichen Geburt ein Seelenwesen, und du wirst es auch noch lange nach diesem Erdenleben sein. Du bist Teil von etwas, was der Mensch nicht zu erfassen vermag: des Lebens selbst. In jedem menschlichen Leben werden wir dazu aufgefordert, das Vertrauen in uns selbst und in das Leben zu entwickeln. Wenn wir versuchen, etwas festzuhalten, werden wir fortgespült; wenn wir an der Beständigkeit hängen, werden wir die Haltlosigkeit erfahren. Doch du kannst niemals untergehen, nichts verlieren, denn es ist nicht notwendig, an einem bestimmten Ziel anzukommen. Entscheidend ist der Weg, den du gehst. Wichtig ist, dass du lebst, bewusst bist und zu dir selbst stehst. Du bist Teil des göttlichen Plans, und dieser geht seinen ganz eigenen Weg. Vertraue dich der höheren Führung an, und bleibe in der Liebe. Denn die Liebe besiegt jede Angst.

Praktische Tipps

- Übe dich in Spontaneität, indem du z.B. durch die Stadt schlenderst und ein Restaurant betrittst, das dich anspricht. Buche eine Last-minute-Reise am Flughafen, oder plane im Urlaub keine feste Rundreise, sondern lasse dich von deinem Gefühl treiben.

- Gehe ohne feste Vorstellung zum Lebensmitteleinkauf, und lasse dich von dem Angebot inspirieren.
- Betritt öfter eine Buchhandlung, und stöbere im Angebot, anstatt immer dieselben Autoren zu lesen. Gehe einfach einmal in eine andere Art Kinofilm, die du normalerweise nicht anschaust.
- Schlage irgendeinen Ratgeber aus deinem Bücherschrank irgendwo auf, und folge dem, was dort steht.

Tropfen

Wasser ist die Basis allen Lebens. Jede Pflanze, jedes Tier und auch wir Menschen brauchen Wasser. Gehe bewusst mit dem wichtigen Element um, und verschwende es nicht. Trinke achtsam. Behandle das Wasser gut, denn es ist ein wichtiger Bestandteil von dir.

Seelenaufgabe

Werde dir bewusst, wie wichtig Wasser für das Leben ist. Sei dankbar, dass es hier reichlich sauberes Trinkwasser gibt. Verschwende es nicht, indem du den

Hahn länger als nötig laufen lässt, denn andere Menschen haben nicht genug Wasser. Auch die Herstellung vieler Luxusgüter kostet enorme Wassermengen. Gehe daher bewusster mit deinen Sachen um. Wasser ist in allem Lebendigen enthalten. Jeder Mensch besteht aus Wasser, jedes Tier und jede Pflanze. Wasser bildet die Basis unseres Blutes und ist in allen unseren Körperzellen vorhanden. Nur durch Wasser werden Nähr- und Vitalstoffe im Organismus zum Zielorgan transportiert. Wir Menschen benötigen Wasser für alle unsere Körperfunktionen, denn es schmiert die Gelenke, sorgt für eine gute Verdauung und stellt das richtige Milieu zum Leben her. Es ist Zeit, dass wir dem Wasser mehr Beachtung schenken, denn es ist die Basis unseres Seins – zusammen mit dem Licht die Grundlage allen Lebens. Trage du deinen Teil dazu bei, dass sauberes Wasser jedem Menschen zugänglich wird. Wasser ist Leben.

Praktische Tipps

- Achte im Alltag auf deinen Wasserverbrauch beim Putzen, Waschen und Kochen. Verschwende das Wasser nicht.

- Jedes Stück Fleisch, jede Jeans und jeder Elektronikartikel verbraucht Unmengen von Wasser in der Produktion. Achte daher auf deinen Konsum.
- Halte die Umwelt und das Wasser sauber, indem du keine Duschgels mit Mikroplastik verwendest. Benutze möglichst wenig Plastikprodukte, denn unsere Meere sind bereits voll davon, und sie ersticken alles Leben darin. Bedenke, dass jeder weggeworfene Müll vom Wind erfasst wird und im Wasser landen kann.
- Achte bei Urlaubszielen darauf, wie umweltverträglich sie errichtet wurden und betrieben werden.

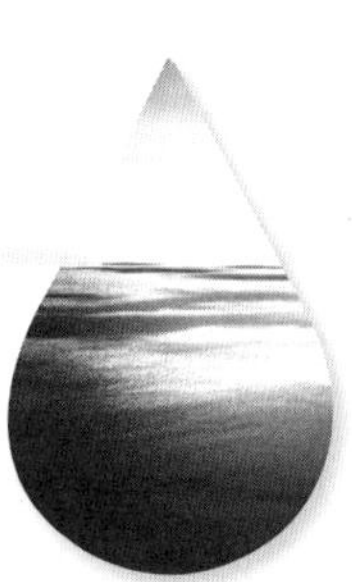

Überfluss

Auf dem Wasser gibt es jede Menge Fischerboote. Auch der Mensch häuft im Laufe seines Lebens viel an. Lege mehr Wert auf deine seelischen Bedürfnisse. Betrachte, was du hast, mit Dankbarkeit, denn es dient dir. Gib Überflüssiges an Bedürftige ab.

Seelenaufgabe

Was im Leben wirklich zählt, sind die inneren Werte, denn alles Äußere ist dem Wandel unterworfen. Klammere dich nicht an Besitz, Geld und Reichtum, denn nichts davon gehört wirklich dir. Alles Materielle ist nur für eine gewisse Zeit geborgt. Auch wenn es dich vielleicht das ganze Leben hindurch begleitet – der Tag wird kommen, an dem du es loslassen musst. Richte dein Augenmerk stärker auf deine inneren Bedürfnisse, auf deine Empfindungen, Emotionen und seelischen Wünsche. Erkenne den Reichtum, den du in dir trägst: alles, was du bereits erreicht und geschafft hast. Du hast dich sehr weit entwickelt, wenn du dich mit dir selbst vor fünf oder vor zehn Jahren vergleichst. Alle Herausforderungen, die du gemeistert hast, sind wertvoll für dich und dein Seelendasein. Jede Hürde, die du genommen hast, jede Tiefe, aus der du dich erhoben hast, ist ein unbezahlbarer Schatz, den du in deinem Inneren hütest. Erkenntnisse, Erfahrungen, Entwicklungen, menschliche Reife und Weisheit kann niemand kaufen. Man kann sie nur erlangen, indem man sein Leben meistert. Genau das tust du jeden Tag. Freue dich an jedem Morgen auf alles, was heute geschehen wird, und lasse abends im Bett zufrieden und glücklich den Tag Revue passieren. Diesen Reichtum kannst du dir nur selbst vorenthalten, indem du den Tag nicht als Geschenk erkennst. Lebe das Leben, das dich glücklich macht! Trenne dich von überflüssigem Ballast, von unnützen Anstrengungen und von allem, was dir Sorgen bereitet. Jetzt ist es Zeit, nur für dich selbst zu leben.

Praktische Tipps

- Entrümple Sachen, die du nicht mehr brauchst und die nur Platz wegnehmen. Vielleicht sind sie für jemand anderen noch nützlich.
- Betrachte den letzten Monat. Gab es Aufgaben, Situationen oder Menschen, die dich stressen, belasten und für innere Unruhe sorgen, wenn du nur an sie denkst? Überlege, wie du dies ändern kannst, z.B. durch klare Kommunikation oder durch einen Neuanfang in einem Bereich.

- Mache regelmäßig Yoga, autogenes Training, Meditation oder Ähnliches.
- Versuche, weniger vernünftig zu sein, und folge deinen Wünschen.

Versteck

Im Wasser ist nicht immer alles zu sehen, manches verbirgt sich vor der Außenwelt. Was versteckst du? Traue dich, alles, was dich ausmacht, zu leben. Setze die Masken ab, und zeige dein wahres Gesicht. Diejenigen, die deine Liebe verdient haben, werden dich dafür nicht kritisieren.

Seelenaufgabe

Halte keinen Teil von dir zurück. Lebe alles aus, was in dir ist. Alle deine Gefühle haben ihre Berechtigung, unterdrücke nichts. Auch du darfst mal wütend und sauer sein, wenn es berechtigt ist. Diese Gefühle müssen nicht zerstörerisch sein, du kannst sie auch produktiv nutzen. Wichtig ist, dass die Wut herauskann, sonst wird sie zum Pulverfass in dir. So wie der Regenbogen alle Farben in sich vereint, so bestehst auch du aus allen Gefühlen. Keines sollte fehlen, denn alle gehören zum Menschsein dazu. Wenn ein Gefühl übermäßig vorhanden ist, dann mache dich auf die Suche nach seinem Ursprung. Gefühle sind wie Samenkörner, sie wurden durch ein bestimmtes Ereignis gesetzt. Heile den Ursprung, und es entsteht ein farbenprächtiges Wunder daraus: eine glückliche, zufriedene und heile Seele. Verstelle dich nicht für andere, denn die Welt will dein wahres Gesicht sehen. Du bist wundervoll und brauchst dich vor nichts zu verstecken. Zeige deine Vielfalt, deine Pracht und deine Schönheit, denn damit verzauberst du alle. Schenke der Welt dein Strahlen und Leuchten, indem du alle Masken ablegst. Natürliche Schönheit bedeutet, du selbst zu sein, ein Teil der Natur mit deiner Einzigartigkeit. Wie Schneeflocken gleicht kein Mensch einem anderen, und dennoch sind alle wunderschön.

Praktische Tipps

- Gehe zumindest am Wochenende ungeschminkt und mit normaler Kleidung aus dem Haus. Zeige deine Natürlichkeit, und schmücke dich lieber mit einem Lächeln.
- Mache eine Liste aller Gefühle mit einer Skala von 1 (selten) bis 10 (häufig). Markiere darauf, wie oft

du in der Woche welches Gefühl erlebst. Blockierende Gefühle, die du stark empfindest, haben einen Ursprung. Seit wann ist dieses Gefühl übermäßig in deinem Leben? Löse den Ursprung auf. Danach kannst du die Gefühle, die zu kurz gekommen sind, stärken.

- Löse dich von dem Anspruch, jedermanns Liebling sein zu müssen. Du darfst auch mal böse sein.

Warme Quelle

An manchen Orten gibt es heiße Quellen, die Wärme und Wohlbehagen spenden. Das Gefühl der Liebe ist eine wärmende Quelle in dir, die dir Ruhe, Entspannung und inneren Frieden schenkt. Gib der Liebe viel Raum in deinem Leben, und erwärme deine Umgebung damit.

Seelenaufgabe

Bringe noch mehr Liebe und Wärme in dein Leben, indem du allem um dich herum tiefe und bedingungslose Liebe schenkst. Danke allen Gegenständen in deinem Leben, denn sie dienen dir und schenken dir auf diese Weise auch eine Art der Liebe. Erfreue dich an allem, was du hast. Betrachte es mit einem inneren oder auch einem äußeren Lächeln. Lasse die Liebe immer wieder wie eine unendliche Quelle aus deinem Innersten hochsteigen und übersprudeln. Überflute alles mit dieser Liebe, sodass dich diese liebevolle Wärme des Lebens umgibt. Liebe schenkt, Liebe heilt und Liebe verwandelt alles in etwas Wunderbares, Einzigartiges. Sei du die Liebe selbst.

Verzeihe anderen Menschen, die sich schwertun, dir bedingungslose Liebe entgegenzubringen. Vielleicht haben sie einst schwierige Lebensphasen durchlebt und hängen noch darin fest. Wir Menschen können uns nur bedingt ein Urteil über andere erlauben, denn jeder hat unterschiedliche Lebenserfahrungen gemacht. Manchmal fällt es uns auch schwer, einem bestimmten Menschen unendliche Liebe zu schenken, weil er sich nicht unseren Vorstellungen gemäß verhält. Wichtig ist, dass du auf Dauer keinen Groll, keine Wut, keinen Ärger oder Frust hegst, sondern dir bewusst machst, dass du Menschen nicht ändern kannst. Löse dich von deinen Erwartungen, und nimm es an, wenn etwas Gutes von jemandem kommt, aber lasse das Unerwünschte nicht in dein Herz. Wisse, dass es zum anderen gehört.

Praktische Tipps:

- Lächle unbekannte Menschen an, die dir begegnen.
- Schenke dir selbst Liebe und Aufmerksamkeit, indem du auf deine inneren Bedürfnisse hörst und lernst, Nein zu sagen, wenn du etwas nicht möchtest.
- Rede mit deinen Zimmerpflanzen, und sende ihnen Liebe, indem du dich über ihr Wachstum freust.
- Mache etwas Kreatives, z. B. Malen, Handarbeiten, Töpfern oder Musik.
- Betrachte einzelne Gegenstände, und erkenne ihren inneren Wert für dich. Staune über ihre Schönheit, sei dankbar für ihre Hilfe im Alltag, ihre Unterstützung in deinem Dasein.
- Hilf Menschen, denen es schlechter geht oder die auf Hilfe angewiesen sind.

Wellen

Wasser steigt in Wellen auf und ab. Auch das Leben besteht aus Höhen und Tiefen. Erfreue dich an jedem Hoch, und nimm die Tiefen als Herausforderungen wahr, um dich seelisch weiterzuentwickeln. Hadere nicht mit dir und deinem Leben, denn nach jedem Tal führt die Welle wieder aufwärts.

Seelenaufgabe

Nimm an, was auch immer gerade in deinem Leben passiert. Alles geschieht aus einem bestimmten Grund, auch wenn wir ihn aus unserer menschlichen Sicht nicht immer erkennen können. Seelisch dienen Schwierigkeiten dir, sie stärken dich und deinen Geist und fordern dich auf, einen Schritt weiter zu gehen. Sträube dich nicht, sondern nimm die Herausforderung an. Halte nichts fest, was aus deinem Leben gehen muss. Manchmal sind Abschiede nötig, weil zwei Seelenwege miteinander verwoben sind, es aber die Bestimmung des anderen ist, nun weiterzugehen. Natürlich hat dies Auswirkungen auf unser Leben und unser Sein, aber es hat nur indirekt mit uns zu tun.

Erfreue dich an der Liebe, an dem Gemeinsamen, solange es dich begleitet. Lerne, loszulassen, wenn die Zeit dafür gekommen ist. Dein Glück hängt nicht von anderen ab. Alles im Leben hat zwei Pole, und es liegt an dir, ob du einem davon mehr Gewicht in deinem Leben gibst. Nichts geht wirklich verloren, denn wir tragen die schönen Momente ein Leben lang in uns. Genieße es mit allen Sinnen, wenn du gerade glücklich bist. Verwahre das Schöne in deiner Erinnerung, und vergegenwärtige es dir, sooft du willst. Jeder Mensch hat jeden Morgen die Möglichkeit, aus seinem Tag etwas Besonderes zu machen. Es liegt allein an dir, ob du dieses tägliche Geschenk annimmst. Nutze das Potenzial deiner Gedankenkraft.

Praktische Tipps

- Blicke auf schöne Zeiten dankbar zurück, und wertschätze auch die scheinbar normalen Momente.
- Erinnere dich daran, wie du warst, bevor die ein oder andere Herausforderung in dein Leben trat. Wie hast du dich verändert? Welche Stärken konntest du dadurch entwickeln? An welchen Situationen bist du am meisten gewachsen? Wir bewegen uns nur, wenn wir etwas an unserem Leben ändern wollen!

- Nimm die Herausforderung an wie eine seelische Grippe. Wehre dich nicht dagegen, sondern wisse, dass der Schmerz mit der Zeit vergeht, die Erinnerung und das Gelernte aber bleiben.

Wellness

Wasser dient der Wellness. Nur, wenn Körper, Geist und Seele in Harmonie sind, fühlt sich der Mensch wohl und gesund. Sorge für dich, gönne dir Ruhe und Entspannung. Verwöhne deinen Körper, denn er dient dir jeden Tag. Achte deine Seele, trainiere deinen Geist.

Seelenaufgabe

Gönne dir immer wieder Auszeiten, und sorge für die richtige Balance in deinem Leben. Wenn du viel arbeitest, dann ist es wichtig, ab und zu den Kopf frei zu bekommen und abzuschalten. Deine Pausen brauchen nicht die gleiche Zeit in Anspruch zu nehmen wie deine Arbeitszeit, aber sie sollten mindestens dieselbe Intensität haben. Nur, wenn du auf dich achtest und deine Bedürfnisse nach Entspannung, Ruhe und Ausgleich befriedigst, bleibst du dauerhaft fit und aktiv. Nun ist es Zeit, deinen Geist zur Ruhe zu bringen, deinen Körper zu pflegen und deine Seele zu verwöhnen. Gönne dir wöchentlich einen Tag Ruhe und Entspannung, falls mehr nicht möglich ist. Lasse an diesem Tag jegliche Arbeit liegen, auch alles, was im Haushalt zu tun ist. Dieser Tag gehört nur dir allein. Wenn du das möchtest, kannst du ihn natürlich mit deinem Partner oder deiner Familie verbringen. Wichtig ist, dass du auf deine Kosten kommst. Bringe deine Wünsche zum Ausdruck, und verzichte nicht zuliebe der anderen Familienmitglieder, denn auch deine Seele will in Harmonie sein. Schalte dein Handy an diesem Tag aus oder zumindest auf lautlos. Verzichte auf das Lesen deiner Mails und von Nachrichten in den Social Media. Beschäftige dich bewusst mit angenehmen, privaten Dingen, oder schalte komplett ab. Alles, was du liegen lässt, wird morgen auch noch da sein, daher brauchst du dich heute nicht darum zu sorgen.

Praktische Tipps

- Sorge für wöchentliche Ruhepausen, in denen du etwas nur für dich, deine Seele, deinen Geist und deinen Körper tust. Lasse an diesem Tag alle Arbeiten liegen.

- Wenn du dich im Alltag erschöpft fühlst, dann kannst du mit 5–10 Minuten Auszeit neue Kraft tanken, indem du im Sitzen oder Liegen die Augen schließt, an nichts denkst und nur tief in den Unterbauch atmest. Das erfrischt und bringt schnell neue Energie.
- Dein Körper arbeitet jeden Tag wie eine Maschine. Und wie jede Maschine braucht er Pflege und Wartung. Sorge für regelmäßigen Sport (2–3 Mal wöchentlich), ernähre dich gut, und versorge deinen Körper mit Vitalstoffen. Gönne dir ab und zu Massagen, pflege deine Haut regelmäßig, und gehe in die Sauna.

Wunder

Auf der Wasseroberfläche können wundervolle Bilder entstehen. Öffne dich dem Wunder deines Lebens. Fühle, wie wichtig dieses Leben für dich ist. Genieße jeden einzelnen Augenblick. Schenke den Menschen deine Lebensfreude, und lasse sie mit dem Herzen fühlen, was Leben ist.

Seelenaufgabe

Das Wunder des Lebens zeigt sich in jedem Menschen, denn er ist aus nur zwei einzelnen Zellen entstanden. Dein Körper ist ein Kunststück der Natur, erschaffen, um weitere Wunder zu vollbringen. Er kann sich selbst heilen, bildet täglich neue Zellen und vollbringt Höchstleistungen. Dein Geist ist der komplexeste Computer aller Zeiten mit seinen Möglichkeiten, seinem Wissen und seinen Ideen. Er kann allein denken, sich ausdrücken, sprechen und Sprache verstehen. Deine Seele ist das Magischste überhaupt, geschaffen, um Großes zu bestehen. Sie hält zu allem Verbindung, zum Beginn der Menschheit und bis in die Unendlichkeit. Ihr stehen alle Möglichkeiten in diesem Leben offen, aber sie braucht nur eine einzige davon –

sie selbst zu sein. Mache dir bewusst, welche Wunder du in dir vereinst! Du bist Sonnenschein und Licht, das Wasser und die Erde, die dich trägt. Du vereinst das Göttliche, das Himmlische und den Funken des Lebens. Entzünde das ewige Feuer in dir, und lasse Heilung und Liebe in dir und auf Erden entstehen. Du trägst mit allem, was du tust, mit allem, was du sagst und denkst, mit allem, was du erschaffst, das Wunder in die Welt – denn das ist deine Welt, du bist ein Mensch mit seelischer Schöpferkraft.

Praktische Tipps

- Beschäftige dich intensiv mit dem Thema Energie, damit du begreifst, wie deine Realität entsteht. Alles, was du gedanklich aussendest, kommt zu dir zurück. Lerne, deine Energie zu lenken, um die Realität nach deinen Wünschen zu gestalten.
- Mache dir bewusst, wie wundervoll der Kreislauf des Lebens funktioniert. Wie alles entsteht, wächst und gedeiht und sich dann in das Reich der Ruhe zurückzieht – bis es erneut zum Leben erwacht. Alles unterliegt diesem Zyklus, nimm das gezielt wahr.
- Notiere Wünsche und Träume, die du verwirklichen möchtest. Plane jedes Jahr etwas Großes davon ein, und genieße es dann besonders intensiv. Klei-

nere Wünsche solltest du regelmäßig angehen. Nimm dir z.B. jeden Monat etwas Besonderes für dich vor. Nutze dein Leben, und warte nicht ab.

Zeit der Erholung

Am Wasser lässt es sich wunderbar entspannen. Gönne dir in deinem derzeitigen Lebensdauerlauf eine Auszeit. Baue den Stress ab, und erkenne, dass du viel mehr schaffst, wenn du dir Verschnaufpausen erlaubst. Verlange nicht so viel von dir selbst, du darfst nun langsamer vorwärtsgehen.

Seelenaufgabe

Du wurdest in letzter Zeit sehr stark gefordert oder hast selbst viel von dir erwartet. Du hast mehr geleistet, als gut für dich war, und bist über deine Grenzen hinausgegangen. Nun ist es Zeit, wieder zu dir selbst zu kommen. Schalte ein paar Gänge herunter. Verlasse die Autobahn deines Lebens, und fahre auf ruhigeren Straßen weiter, denn diese Geschwindigkeit schaffst du nicht mehr lang. Es ist nun wichtig für dich, deine eigenen Grenzen zu erkennen, zur Ruhe zu kommen und auch die seelischen Bedürfnisse zu achten. Niemand kann dauerhaft in diesem hohen Tempo gute Leistung erbringen, und das muss auch gar nicht sein. Gerade, wenn du dir mehr Ruhe gönnst, wirst du effektiver sein. Du wirst freier, offener und konzentrierter bei deiner Arbeit sein. Dadurch vermeidest du Flüchtigkeitsfehler und einen übermäßigen Verbrauch von Lebensenergie. Nach jedem Kraftaufwand braucht der Mensch eine Zeit der Erholung. Nach jedem Sprint benötigt er Gelegenheit zum Verschnaufen. Gönne dir mehr Ruhe, und achte auf die kleinen Zeichen der Erschöpfung. Ignoriere deine Bedürfnisse nicht, sondern gib ihnen nach. Dann kommst du besser und gesünder an dein Ziel. Dein Körper, dein Geist und deine Seele müssen Kraft schöpfen – finde zu dir zurück.

Praktische Tipps

- Gönne dir einen kurzen Urlaub, in dem du nichts tust außer schönen und entspannenden Dingen für deine Seele. Falls das im Moment nicht möglich ist, dann gönne dir zumindest zwei bis drei Tage der Erholung.
- Plane täglich 30 Minuten für dich ein, in denen du nicht erreichbar bist und nur an dich selbst denkst.

- Delegiere Aufgaben, die auch jemand anderes erledigen kann, und lasse sie dann auch los. Du brauchst nicht alles allein zu schaffen, nimm Hilfe an.
- Erkläre deiner Familie oder deinen Kollegen, wenn du am Limit bist und Unterstützung brauchst. Sage Nein, und bürde dir nicht alles auf.
- Wenn du gestresst bist, dann mache 5 Minuten eine intensive Atemübung, und atme dabei tief, bewusst und langsam in deinen Unterbauch.

Ziele

Wasser fließt beständig seinem Ziel entgegen. Werde dir deiner Lebensziele bewusst, und lasse dich nicht durch andere beirren. Deine Seele weiß, wohin es geht, auch wenn dir der Weg lang vorkommt. Bleibe auf deinem Weg, und setze dir Zwischenziele. Wenn du weißt, wohin du willst, kommst du an.

Seelenaufgabe

Unsere Ziele sind der wichtigste Antrieb, denn nur ihretwegen bewegen wir uns vom Fleck. Laufe nicht ziellos durch dein Leben, denn dann gehst du leicht in die falsche Richtung oder bleibst in deiner Entwicklung stehen. Ein Wohin gibt unserem Dasein einen Sinn, eine Ausrichtung, und uns einen Grund zu leben. Du lebst viel bewusster und es lohnen sich jede Mühe und Anstrengung, wenn du weißt, wofür du sie auf dich nimmst. Oft verlieren wir im Laufe des Lebens unsere Ziele aus den Augen und meinen, um sie zu erreichen, fehle uns die Zeit, das Geld oder die Gelegenheit. Doch es ist wichtig, die alten Ziele wiederzubeleben oder sich neue Ziele zu setzen. Ein Schiff ohne Kurs treibt auf dem offenen Meer und ist Wind und Sturm ausgesetzt. Sich treiben zu lassen, mag eine Zeit lang interessant sein, doch einmal will jeder wieder irgendwo landen. Nimm das Steuerrad wieder in die Hand, und bestimme deine Lebensrichtung. Deine Seele weiß genau, wohin du letztlich willst. Jedes einzelne Ziel ist es wert, erreicht zu werden, denn es bringt dich in deinem Leben voran. Jedes Ziel ist ein Schritt auf deinem Lebensweg. Folge den Wünschen deines Herzens, und lasse Freude und Glück dein Kompass auf der Reise deines Lebens sein.

Praktische Tipps

- Schreibe eine Liste von Zielen, die du in deinem Leben erreichen möchtest, und setze dir dafür Zwischenetappen. Glaube daran, dass alles möglich ist, wenn es ein Seelenwunsch ist. Bei materiellen Zielen muss man manchmal gewisse Abstriche machen, aber Lebensziele sind immer erreichbar.
- Reaktiviere alte Ziele, die du in deiner Jugend hattest und die dir immer noch das Herz aufgehen lassen. Mache dir bewusst, welche Ziele du bereits erreicht hast. Du wirst feststellen, dass es eine ganze Menge ist.
- Setze dir auch Ziele für deine persönliche Entfaltung, durch die du in Einklang mit deiner Seele kommst, z. B. mehr Selbstbewusstsein, Durchsetzungskraft, Mut, Gelassenheit. Natürlich kann man nicht alles auf einmal erreichen, aber so bleibt es spannend im Leben.

Danksagung

Ich danke euch, allen meinen Lesern, für euer Vertrauen und die Bestätigung für meine Arbeit. Nichts öffnet einem Autor mehr das Herz als ein Leser, der voller Dankbarkeit erzählt oder schreibt, wie wichtig ihm ein bestimmtes Werk ist. Es bereitet mir unendlich viel Freude, wenn ich mit meinen Büchern und Karten ein wenig dazu beitragen kann, dass ihr das Wunder des Lebens erkennt und in eure Mitte gelangt. Gern gebe ich mein Wissen an euch weiter, so wie andere mir ihr Wissen gegeben haben. Denn wir sind alle Teile einer Gemeinschaft.

Ich danke dem Schirner Verlag, Heidi und Markus Schirner für ihre wertvolle Arbeit der Veröffentlichung zahlreicher Herzensprojekte von uns Autoren. Ich danke allen Mitarbeitern des Verlags, die an diesen Karten und dem Begleitbuch mitgewirkt haben, meinem Lektor Bastian Rittinghaus, den Grafikern und Gestaltern. Außerdem danke ich jedem Buchhändler, der meinem Werk eine Chance gibt, damit es gefunden wird.

Ich danke meiner Familie für ihr Sein und ihre unendliche Liebe. Es tut gut, ein Teil davon zu sein. Ich danke meinem Mann für die gute Zusammenarbeit und meinem Hund Nikos für die Gesellschaft beim Schreiben.

Ich danke für die Unterstützung zahlreicher Seelen aus einer anderen Welt.

Ich bin unendlich dankbar, in einem Teil dieser Erde zu leben, in dem es genügend Wasser gibt. Sauberes Wasser ist nicht überall eine Selbstverständlichkeit, auch wenn wir uns hier nicht sorgen müssen. In manchen Ländern müssen Menschen kilometerweit gehen, um an frisches Wasser zu kommen, während wir nur den Wasserhahn aufzudrehen brauchen und mehr als genug von dem kostbaren Lebenselixier haben. Es sollte viel mehr Bewusstsein dafür vorhanden sein, wie wichtig und wertvoll Wasser für alles Leben auf Erden ist. Wir sollten damit schonender umgehen und dafür sorgen, dass jeder Mensch Zugang zu Wasser bekommt. Während unsere Toilettenspülungen sauberes Trinkwasser verschwenden, müssen andere Menschen von unreinem Wasser leben. Während in manchen Wüstenregionen Menschen auf dem saftigsten Rasen Golf spielen, verenden dort Tiere und Menschen aus Mangel an Wasser. Jedes Stück Fleisch, jedes Stück Stoff verbraucht Wasser. Wasser mag uns selbstverständlich erscheinen, doch das ist es nicht. Alles, was wir in den Abfluss werfen, verunreinigt das Wasser. Der Dünger auf den Feldern belastet unser Trinkwasser, das mühsam gereinigt werden muss.

Plastik belastet die Weltmeere. Lasst uns alle bewusst und sorgsam mit unserem wichtigsten Lebenselixier umgehen! Damit Wasser selbstverständlich für alle Menschen dieser Erde wird.

Über die Autorin

Nathalie Schmidt, ausgebildete Krankenschwester, ist Coachin, Lebensberaterin, Reiki- sowie Seelen-Therapeutin und Autorin. Seit über 20 Jahren beschäftigt sie sich intensiv mit verschiedenen spirituellen Themen wie »Energie im menschlichen Leben«, »Lebensaufgaben« sowie »Krankheit und Tod als mögliche Entwicklungshilfen«. Ihr Anliegen ist es, Menschen, die auf der Suche sind, zur Seite zu stehen und Freude am Leben zu vermitteln. Die Seele des Menschen steht im Mittelpunkt ihrer Arbeit.

www.energie-lebensberatung.de
www.ensign-ohg.de

Bildnachweis

Fotografien von Nathalie Schmidt:
Kartenrückseite, Beständigkeit, Blockade, Bücken, Energie, Flüssigkeit, Funkeln, Halt, Kraft, Lebensraum, Lebensweg, Mut, Neue Wege, Reinigung, Reisen, Schutz, Selbstständigkeit, Sicherheit, Überfluss, Warme Quelle, Wunder, Ziele

Fotografien von Markus Schirner:
Anpassung, Bewegung, Brunnen, Dankbarkeit, Druck, Felsen, Fluss des Lebens, Gefühlsansturm, Gemeinschaft, Lebensfreude, Licht und Schatten, Licht und Wärme, Partnerschaft, Sehnsucht, Spiegelung, Stabile Basis, Tiefe Kräfte, Treiben lassen, Tropfen, Versteck, Wellen, Wellness, Zeit der Erholung